Mujer
emocionalmente
sana

Geri y Peter Scazzero

Mujer
emocionalmente
sana

Cómo DEJAR *de aparentar*

que todo marcha bien

y EXPERIMENTAR *un*

CAMBIO *de* VIDA

Geri y Peter Scazzero

La misión de Editorial Vida es ser la compañía líder en satisfacer las necesidades de las personas con recursos cuyo contenido glorifique al Señor Jesucristo y promueva principios bíblicos.

MUJER EMOCIONALMENTE SANA
Edición en español publicada por
Editorial Vida – 2012
Miami, Florida

©2012 por Peter Scazzero y Geri Scazzero

Originally published in the USA under the title:
I Quit!
©**2010 by Peter Scazzero and Geri Scazzero**
Published by permission of Zondervan, Grand Rapids, Michigan 49530

Traducción: *Marijo Hooft*
Edición: *Madeline Díaz*
Diseño interior: *Cathy Spee*

ISBN: 978-0-8297-6089-7

CATEGORÍA: Vida cristiana / Crecimiento espiritual

IMPRESO EN ESTADOS UNIDOS DE AMÉRICA
PRINTED IN THE UNITED STATES OF AMERICA

HB 07.06.2023

RECOMENDACIONES

«Necesitaba este libro. Andaba vacía por la vida, tratando de cumplir con las expectativas de los demás en cuanto a mí. Geri me ayudó a diagnosticar mi situación y me brindó maneras prácticas, bíblicas y aplicables de tratar con ella. ¡Gracias Geri! ¡Tienes que leerlo, pues resulta liberador!».

—*Ruth Graham, autora*

«Leí el libro de Geri Scazzero en un día particularmente desafiante, uno de esos días en que exclamas: "¡No puedo con otra cosa más!". Fui capaz de escuchar su sabiduría sin todas las barreras defensivas que de forma habitual puedo llegar a levantar cuando me enfrento a una verdad que me incomoda. Las palabras de Geri me animaron —y hasta me arrastraron— a examinar mis patrones en cuanto a mi forma de relacionarme con Dios y las personas que tengo más cerca. Su ejemplo de vivir en la libertad que viene de estar confiada en el amor de Dios me inspira a trabajar un poco con mi alma, y a hacerlo de veras. Gracias, Geri».

—*Kay Warren,*
directora ejecutiva de Iniciativa HIV/SIDA,
Iglesia Saddleback

A María, Christy, Faith y Eva, que puedan
conocer en lo más profundo de sus corazones el
amor de Cristo, que es mejor que la vida.

CONTENIDO

RECONOCIMIENTOS

Este libro no se habría escrito de no ser por mi esposo, Pete. A mí me gusta mucho reflexionar. Él es escritor. Aunque fui yo la que identifiqué, le puse nombre y estructuré todos los «Deja de», él fue el que insistió: «¡Ya tienes un libro completo!». *La mujer emocionalmente sana* refleja el esfuerzo de nuestro equipo de principio a fin. Refleja lo que ambos aprendimos de este aspecto que nos estaba faltando en nuestra formación espiritual a lo largo de catorce años.

Pete es una persona singularmente maravillosa con quien tuve la suerte de casarme. Una de sus cualidades más atractivas es su humildad y disposición a aprender, crecer y cambiar. Siempre ha sido receptivo a mis «Deja de» y enseguida los aplicó a su propia vida. También sabemos lo tan, pero tan bendecidos que nos sentimos de disfrutar la experiencia actual de crecer juntos en este maravilloso viaje que ahora llamamos «la espiritualidad emocionalmente sana». Valoro este hermoso regalo de permanecer en una curva de aprendizaje similar después de veintiséis años de matrimonio.

Pertenezco a dos comunidades significativas que han impactado mi vida sin medida. La primera es mi familia extendida de padres, hermanos, familia política, sobrinas y sobrinos, los cuales siempre me han brindado un lugar lleno de conexión, pertenencia y amor. Ellos me han mantenido arraigada en el valor y el sostén indiscutible que es la familia. Me han dejado un tremendo legado por el cual estoy eternamente agradecida. No habría tenido las agallas de dejar todo de no haber sido por lo que ustedes depositaron en mí.

También quiero agradecerle a mi otra comunidad, la Iglesia Nueva Vida. Soy una persona transformada a raíz de todos nuestros años juntos. Ustedes nos permitieron abrir nuevas sendas de formación espiritual. Hemos confiado los unos en los otros y nos hemos amado por un cuarto de siglo ya. Gracias por ser la clase de iglesia que abraza la verdad expresada en *La mujer emocional-mente sana.*

También deseo agradecerle a Sandy Vander Zicht y Zondervan, en especial por su paciencia al esperar por mi agenda «sin presiones» a fin de que escribiera el libro, así como por el asombroso trabajo de edición de Sandy. Gracias, Kathy Helmers, por representar este mensaje en mi nombre.

Gracias a Barbara y Chris Giamonna por su amistad y consejos, además de su amor por la iglesia de Jesucristo.

Gracias, Doug Slaybaugh, por tu visión y liderazgo con relación a este mensaje y por llegar a nuestra vida en el tiempo preciso hace unos años atrás.

Finalmente, deseo agradecerles a mis «ángeles» del Medio Oeste que me alcanzaron la «máscara de oxígeno» cuando me estaba ahogando. Su generosa hospitalidad y la forma en que suplieron nuestras necesidades en los momentos críticos de nuestro ministerio aquí en la ciudad de Nueva York me permitieron obtener oxígeno para mi alma y perseverar durante esos diez años difíciles. Dios nos sustentó a través de ustedes. No estoy segura de si todavía estaría en Nueva York de no ser por su bondad.

PRÓLOGO

Lo más amoroso que alguna vez Geri hizo por mí fue dejar la iglesia que yo pastoreaba. Sí, una parte de mí quería matarla por la humillación que sentí. Sin embargo, Dios usó su valiente decisión para cambiar mi vida de maneras profundas.

La mujer emocionalmente sana está basado en la historia de Geri, pero creo que es una historia que todos compartimos; en algún punto, cortar por lo sano es algo que todos debemos hacer. Cada persona que sigue a Jesús tiene que descubrir y aplicar esas verdades que se han vuelto tan inconexas con nuestra formación espiritual en Cristo.

Hasta ahora, he sido el principal beneficiario de este mensaje, aprendiendo de cerca cada uno de los «Deja de» que Geri describe en este libro. Durante los últimos quince años he aprendido a *dejar de* como padre, esposo y pastor/líder. Aunque al principio fue difícil, este camino me ha conducido a un nivel de libertad y gozo en la vida cristiana que nunca había imaginado posible.

En realidad, los principios de *La mujer emocionalmente sana* son fundamentales para la formación espiritual de nuestros ministerios y los valores del liderazgo de la Iglesia Nueva Vida en Queens, Nueva York.

Sin hombres y mujeres valientes que asuman el reto planteado en este libro, dudo de nuestra habilidad para construir comunidades saludables y bíblicas que se comprometan con el mundo de manera eficaz a fin de llevar el evangelio y transformar las vidas de un modo profundo. Por esta razón, estoy muy emocionado de que la riqueza y el aliento de *La mujer emocionalmente sana* esté ahora a disposición de una audiencia mayor a través de este libro.

Amo a Geri. Ella no es perfecta ni mucho menos, pero después de veintiséis años de casados puedo afirmar con alegría que es mi heroína número uno. Su vida es su don más grande.

Peter Scazzero
Pastor principal,
Iglesia Nueva Vida
Queens, Nueva York

Cuando no puedes soportarlo más

Este es un libro que trata acerca de seguir a Jesús y reunir valor para dejar todo lo que no pertenezca a su reino o esté bajo su gobierno.

Tradicionalmente, la comunidad cristiana no le ha dado mucho valor al hecho de dejar algunas cosas. En efecto, más bien resulta todo lo contrario; la perseverancia y la resistencia es lo que más valoramos. Para muchos de nosotros la noción de abandonar algo es completamente extraña. Mientras crecía, aquellos que renunciaban a algo se consideraban débiles, malos deportistas y niños. Así que nunca dejé ningún equipo o grupo al que perteneciera. Recuerdo haberme apartado por un breve tiempo de las niñas exploradoras, pero pronto me volví a incorporar. Desertar no es una cualidad que admiremos, ni en nosotros ni en los demás.

La clase de abandono de la que hablo no es una consecuencia de la debilidad o marcharse debido al desánimo. Es un resultado de ser fuerte y elegir vivir en la verdad. Se requiere morir a las ilusiones. Significa dejar de simular que todo está bien cuando no lo está. Perpetuar las ilusiones es un problema universal en los matrimonios, las familias, las amistades y los lugares de trabajo. Resulta trágico, pero simular que todo está bien cuando no lo está sobre todo ocurre en las iglesias, el mismísimo lugar donde la verdad y el amor deberían brillar con más fuerza.

> *La clase de abandono de la que hablo no es una consecuencia de la debilidad o marcharse debido al desánimo.*

El acto de *dejar* que encontramos en la Biblia va de la mano con *elegir*. Cuando dejamos aquellas cosas que están dañando nuestra alma o la de los demás, somos libres para elegir otras maneras de ser y relacionarnos que están cimentadas en el amor y conducen a la vida. Por ejemplo...

Cuando *dejamos* de temer lo que los demás piensan, *elegimos* la libertad.

Cuando *dejamos* de mentir, *elegimos* la verdad.

Cuando *dejamos* de culpar, *elegimos* asumir la responsabilidad.

Cuando *dejamos* de pensar erróneamente, *elegimos* vivir la realidad.

Dejar es una manera de hacer a un lado lo que las Escrituras llaman falsedad y el viejo hombre. Como escribe el apóstol Pablo: «Con respecto a la vida que antes llevaban, se les enseñó que debían quitarse el ropaje de la vieja naturaleza [...] y ponerse el ropaje de la nueva naturaleza, creada a imagen de Dios, en verdadera justicia y santidad. Por lo tanto, dejando la mentira, hable cada uno a su prójimo con la verdad» (Efesios 4:22-25).

Cuando dejamos algo por las razones correctas, somos transformados. Algo se quiebra dentro de nosotros una vez que finalmente decimos: «Ya no más». El Espíritu Santo engendra una nueva determinación dentro de nosotros. Nos levantamos por encima de nuestros temores y actitudes defensivas. La tierra dura de nuestros corazones se vuelve blanda y está lista para recibir nuevas posibilidades y mayor crecimiento.

La Biblia nos enseña que hay un tiempo y una época para todo debajo del cielo (Eclesiastés 3:1). Eso incluye el dejar. No obstante, esto es algo que debe hacerse por las razones correctas, en el tiempo preciso y de la manera adecuada. De eso trata este libro.

Cortemos la soga

En 1985, Simon Yates y su compañero de escalada, Joe Simpson, acababan de alcanzar la cima de una montaña de seis mil cuatrocientos metros de altura en Perú cuando el desastre irrumpió. Simpson cayó y se hizo pedazos la pierna. Mientras el cielo se oscurecía y se levantaba una tormenta de nieve, Yates trató de bajar a su amigo malherido a tierra firme. Sin embargo, en un cierto punto, accidentalmente apoyó a Simpson en un acantilado de hielo, donde quedó colgando sin poder hacer nada. Luchando para sostener el cuerpo de su compañero en el aire, Yates se enfrentó a la decisión de la vida o la muerte de su amigo.

Cuando ya no podía sostenerlo más, tuvo que tomar una decisión horrorosa: cortar la soga y salvar su propia vida, soltando a su compañero a fin de que cayera en picada hacia una muerte segura, o enfrentar la muerte por tratar de salvarlo.

Yates más tarde relató esos momentos tan dolorosos: «No había nada que pudiera hacer. Simplemente me encontraba allí. Pasó una hora y media. Mi posición se estaba tornando desesperada […] Literalmente estaba descendiendo la montaña en pequeñas etapas entrecortadas sobre esta nieve blanda que se deshacía debajo de mí. Entonces recordé que tenía una navaja. Tomé la decisión bastante rápido, de veras. Me pareció que era lo correcto bajo esas circunstancias. No había forma de mantenerme donde estaba. Más tarde o más temprano iba a ser arrastrado por la montaña. Entonces saqué la navaja».

Yates cortó la soga instantes antes de haber sido arrastrado a su propia muerte.

Seguro de que su compañero estaba muerto, regresó a la base del campamento, consumido por el dolor y la culpa debido a que había cortado la cuerda. No obstante, de manera milagrosa, Simpson sobrevivió a la caída, rodando sobre peñascos y cañones y llegando a la base del campamento unas horas antes de que Yates hubiera planeado irse. Al describir su decisión de cortar la soga, Yates expresa la lucha más interna de cada uno de nosotros al decir: ¡Lo dejo!

> Nunca me había sentido tan perturbadoramente solo […] Si no hubiera cortado la soga, en realidad hubiera muerto. ¡Nadie corta la soga! ¡No podría haber hecho algo peor! ¿Por qué no hiciste esto o intentaste aquello otro? Podía escuchar las preguntas y ver las dudas en los ojos de los que aceptaran mi historia. Resultaba extraño y cruel […] Sin embargo, muchas veces traté de persuadirme de que no tenía otra opción más que cortarla, un pensamiento persistente dicho de otro modo. Parecía casi una blasfemia haber hecho tal cosa. Iba en contra de cualquier instinto: incluso

contra el instinto de autopreservación. No podía
escuchar ningún argumento racional en contra de los
sentimientos de culpa y cobardía [...] Me resigné al
castigo. Parecía justo ser castigado; pagar por haberlo
dejado morir como si sobrevivir simplemente hubiera
sido un crimen en sí mismo[1].

Renunciar, dejar algunas cosas, puede sentirse como si estuviéramos cortando la soga de un salvavidas y alguien —posiblemente incluso nosotros— fuera a morir. Por esta razón dejar algo resulta impensable para muchos, en especial en la iglesia. Parece «bizarro» y «cruel». ¿Quién quiere caerles mal a los demás y arruinar las cosas? Yo no.

Sin embargo, llega el momento en que cruzamos una línea y no podemos soportarlo más. Al igual que Yates, sabemos que moriremos espiritual, emocionalmente o de alguna otra manera a menos que cortemos por lo sano y elijamos hacer algo diferente. Al final avanzamos más allá de nuestros temores y damos un paso hacia el gran territorio desconocido que yace delante de nosotros.

Algunos miembros de la comunidad de alpinistas criticaron a Yates por violar la regla sagrada de nunca abandonar a un compañero, aun si los dos mueren en el proceso. Joe Simpson mismo defendió con pasión la decisión de su amigo. A fin de cuentas, la decisión de Yates de cortar la soga les salvó la vida a ambos.

El cristiano «no libre»

Cuando me enamoré de Cristo, lo hice de veras. Siendo una estudiante universitaria de diecinueve años, la enormidad del amor de Dios me inundó. De inmediato emprendí una búsqueda apasionada para conocer a este Jesús vivo, y estaba dispuesta a hacer lo que fuera con tal de agradarle.

Enseguida estructuré mi vida en torno a disciplinas espirituales vitales como leer y memorizar las Escrituras, orar, tener comunión, adorar, ayunar, ofrendar financieramente, servir, practicar el silencio y la soledad, y compartir mi fe con otros. En mi deseo de ser como Jesús, leí libros de autores como Richard Foster, J. I. Packer y John Stott sobre la importancia de las disciplinas espirituales.

Ellos me ayudaron a ampliar mi entendimiento del cristianismo y me inspiraron a mantener a Cristo en el centro de mi vida. Sin embargo, fracasé en comprender la verdad de que una vida espiritual saludable incluye un equilibrio delicado entre servir a las necesidades y deseos de los demás y valorar mis propias necesidades y deseos. En cambio, puse todo mi esfuerzo en cuidar de los demás a expensas de mi propia alma.

El dolor y el resentimiento acumulados por este desequilibrio me llevaron a mi primera gran «renuncia» a la edad de treinta y siete años. Después de diecisiete de haber sido una cristiana comprometida, llegué a darme cuenta de que esa autonegación excesiva me había arrastrado a una existencia triste y motivada por la culpa. Jesús me había invitado a la vida cristiana para disfrutar de un rico banquete en su mesa, pero a menudo sentía que era una esclava en la cocina, trabajando para servir a todos los que participaban del banquete en vez de disfrutarlo yo misma. En mi relación con Jesús había pasado del enorme gozo de sentirme llena de su amor al resentimiento de sentirme abrumada por sus demandas.

Mi verdadera identidad se había esfumado al haber puesto a los demás antes que a mí misma. Constantemente pensaba en las necesidades de nuestras cuatro hijas pequeñas. Me preocupaba por las responsabilidades de Pete. Suplía cualquier necesidad que hubiera a fin de ayudar a la iglesia a crecer. Todas esas son cosas potencialmente buenas, pero mi amor se había convertido en un «tengo que» o un «debo» más que en un regalo dado de forma gratuita.

Jesús me había invitado a la vida cristiana para disfrutar de un rico banquete en su mesa, pero a menudo sentía que era una esclava en la cocina.

Una comprensión renovada de mi dignidad y las limitaciones humanas me permitió establecer límites afectuosos a mi alrededor. Pronto me di cuenta de que esto era primordial para ofrecer un sincero y genuino regalo de amor a los demás. Al igual que el amor de Dios por nosotros, nuestro amor debe ser libre. Y el grado en que me valoraba y amaba a mí misma representaba el grado en que podía ser capaz de amar bien a los demás.

Morir para vivir

Dejar algo se relaciona con morir a las cosas que no son de Dios. No te confundas, esta es una de las cosas más difíciles de hacer por Cristo. Sin embargo, la buena noticia es que renunciar no es un fin en sí mismo, sino que significa también un comienzo. Renunciar según la manera bíblica constituye el camino de Dios para que otras cosas nuevas lleguen a nuestras vidas a fin de alcanzar la resurrección. Y aun así, el camino que conduce a la resurrección nunca es sencillo.

Algunas voces interiores nos alarman con temores acerca de dejar las cosas.

- «¿Qué pensará la gente?»
- «Estoy siendo egoísta, y eso no es lo que haría Jesús».
- «Lo echaré todo a perder».
- «Lastimaré a los demás».
- «Todo se vendrá abajo a mi alrededor».
- «Pondré en riesgo mi matrimonio».

Todo dentro de nosotros rechaza el dolor asociado con morir, que es el requisito previo e innegociable para resucitar. Como resultado, a menudo cedemos a nuestros temores como una estrategia para liberar la ansiedad a corto plazo. Lo triste es que esto por lo general nos conduce a consecuencias dolorosas a la larga, como la agitación interior, la tristeza y los resentimientos, que son perjudiciales. Con el tiempo nos quedamos estancados y somos ineficaces para llevar un fruto genuino para Cristo. En mi caso, resultó en un corazón retraído que trataba más de evitar a la gente que de amarla.

Es cierto que solo muriendo podemos vivir verdaderamente. Según las palabras de Jesús: «Porque el que quiera salvar su vida, la perderá; pero el que pierda su vida por mi causa y por el evangelio, la salvará» (Marcos 8:35). Y eso fue lo que ocurrió cuando decidí dejar algunas cosas: recibí mi vida de nuevo. Y lo que siguió fueron más transformaciones que no solo me cambiaron a mí, sino que le dieron nueva vida a Pete, nuestro matrimonio, los hijos, la iglesia y un montón de otras personas.

Dejar algunas cosas ha purificado mi corazón. Esto exigió que admitiera verdades acerca de mí que había preferido enterrar y evadir. Enfrentar las fallas y defectos de mi carácter, mi matrimonio, mi maternidad y mis relaciones ha sido siempre aterrador. Por momentos sentí que estaba cortando la soga que me mantenía amarrada a salvo en la ladera de una montaña. No obstante, Dios ha usado cada caída libre a fin de purgar mi corazón y darme una experiencia más íntima de su gracia y misericordia. Por lo tanto, junto con una mayor conciencia de mi pecado, me he sentido cada vez más maravillada del amor apasionado e inconmovible de Dios hacia mí.

> *Esto exigió que admitiera verdades acerca de mí que había preferido enterrar y evadir.*

Cortar esas ataduras me llevó a un matrimonio de ensueños con Pete. Con el tiempo, al comenzar a eliminar las formas no saludables de relacionarnos y empezar a practicar nuestras habilidades emocionalmente sanas, nuestro matrimonio se ha convertido en una experiencia que simboliza el amor de Cristo por su novia, la iglesia. Y dejar algunas cosas repercutió en el resto de nuestras relaciones también, incluyendo la relación con nuestros hijos, la familia extendida y la Iglesia Nueva Vida.

Esa renuncia me ha enseñado a serle leal a las cosas correctas. Aunque «renunciar» puede sonar a solo dejar algo, en realidad adquirí un compromiso renovado de perseverar en las cosas correctas. Aprendí a servir a los demás con sinceridad en vez de hacerlo de mala gana. El apóstol Pablo brinda una descripción vívida de la paradoja implícita en renunciar a algo:

> ¿Qué ocurre cuando vivimos a la manera de Dios [*cuando dejamos ciertas cosas*]? Él trae dones a nuestras vidas, del mismo modo en que el fruto aparece en un huerto (como el cariño por los demás, la exuberancia de la vida, la serenidad). *Desarrollamos una disposición a apegarnos a las cosas*, un sentido de compasión en el corazón y una convicción de que una santidad básica permea las cosas y las personas. *Nos*

encontramos involucrados en compromisos nobles, sin necesidad de forzar nuestro camino en la vida, siendo capaces de organizar y dirigir nuestras energías de manera sabia (Gálatas 5:22-23, traducción de The Message, énfasis añadido).

Nunca imaginé que dejar de hacer algo me llevaría a esta clase de libertad y productividad. Solía intentar promover con mis propios esfuerzos el fruto del Espíritu Santo. No obstante, descubrí que cuando vivimos a la manera de Dios, el fruto sencillamente aparece en el jardín. Esta es una maravilla digna de observar. No la cambiaría por nada en el mundo.

Lo que descubrí en última instancia cuando abandoné algunas cosas fue un sendero que conducía hacia el verdadero propósito de mi vida: permitir que el amor de Dios me transformara y por medio del Espíritu Santo poco a poco llegar a transmitir ese amor a los demás.

Las páginas que siguen exploran ocho «Deja de» específicos. Aunque cada uno se relaciona con el anterior y están organizados para que los leas en orden, cada capítulo es independiente. Quizás quieras comenzar con un capítulo que se relaciona más con tus circunstancias actuales. Una vez que lo hayas leído, te animo a que regreses al principio y leas cómo ese contenido encaja dentro de la totalidad del tema.

No tomamos la decisión de renunciar a algo solo una vez, sino que cada «Dejo de» implica un viaje de toda la vida. En realidad, uno nunca termina con ninguno de ellos. Escribí *La mujer emocionalmente sana* a fin de prepararte para transitar este nuevo sendero por el resto de tu vida. Al continuar tu viaje de dejar ciertas cosas atrás, debes saber que no tienes que hacerlo todo sola. Te animo a que busques y te apoyes en mentores experimentados que puedan guiarte bien a través de las complejidades de la renuncia. ¡Saber cuándo dejar algo y cuándo no hacerlo resulta igual de importante!

Comencemos a explorar el primer «deja»: Deja de temer lo que piensen los demás.

Deja de temer lo que piensen los demás

«¡Yo dejo todo!», le dije a mi esposo. «Me voy de nuestra iglesia. Esta iglesia ya no me da vida. Me proporciona muerte. Me voy a otra iglesia».

Había estado imaginándome este momento durante meses. Como mi esposo era el pastor principal de nuestra iglesia, no se trataba de una decisión menor. Por años había hecho algunos débiles intentos a fin de lograr captar su atención, para que viera mi cansancio y frustración. Finalmente, ya no daba más.

«¡No puedes hacer eso!», replicó Pete, visiblemente molesto. «¡Es ridículo!».

Me quedé callada, decidida a no ceder ante su enojo.

«¿Qué hay acerca de los niños? ¿A dónde van a ir? ¡Esto no es práctico! Escucha, solo un año más y las cosas mejorarán».

Podía ver crecer su ansiedad a medida que surgían más y más razones en cuanto a por qué dejar la iglesia era una mala idea.

«¿Y qué pasa con Dios? ¿No nos llamó a los dos a hacer esto? Mira todo lo bueno que él está logrando. Las personas están siendo cambiadas».

¿Quién podía discutirlo? Pete se había mantenido sacando la carta de Dios desde el comienzo de nuestro matrimonio.

Durante años me había sentido rechazada e ignorada por él, y ya no me importaba más. Finalmente había tocado fondo. Con Pete dedicando tanto de su vida a la iglesia, me sentía como una madre soltera criando a nuestras cuatro niñas sola.

Tan solo unos meses antes le había dicho: «¿Sabes? Si nos separáramos mi vida sería más fácil, porque al menos te llevarías a las niñas los fines de semana y tendría un respiro». Lo dije de verdad, pero en ese momento todavía se trataba de una fantasía, una amenaza hueca. Mi necesidad de ser lo que los demás querían y esperaban que fuera resultaba demasiado grande como para permitirme levantarme en defensa propia.

Aunque había sido una cristiana comprometida durante muchos años, mi identidad primaria no estaba definida por el amor de Dios hacia mí, sino por lo que los demás pensaban de mi persona. Esto produjo un impacto negativo en todas las áreas de mi vida: mi matrimonio, mi maternidad, mis amistades, mi liderazgo e incluso mis sueños y esperanzas.

No obstante, a estas alturas había perdido el temor a lo que los otros pudieran llegar a pensar o decir. Ya no había nada que perder. Había dado tanto de mí que ya ni me reconocía a mí misma. La Geri creativa, extrovertida, divertida y enérgica se había perdido. Ahora me sentía huraña, deprimida, cansada y enojada.

Nuestra iglesia estaba creciendo y en la vida de las personas estaban ocurriendo cosas emocionantes, pero a un costo muy alto para mí, un costo que no quería seguir pagando. Había algo desesperadamente erróneo en ganar todo el mundo para Cristo a expensas de perder mi propia alma.

Me quejé con Pete de mi infelicidad y lo culpé por mi desgracia. Para empeorar más las cosas, me sentía avergonzada y culpable de todo esto. A fin de cuentas, ¿no debían las buenas esposas de los pastores cooperar y mantenerse contentas? Aun así, había llegado al punto de tal infelicidad que no me importaba lo que alguien pensara de mí. Me tenía sin cuidado si la gente me veía como una «mala esposa de pastor» o una «mala cristiana».

Quería salirme de todo.

Se dice que una persona que no tiene nada que perder se vuelve la persona más poderosa de la tierra. Ahora yo era esa persona.

Comencé a asistir a otra iglesia a la semana siguiente.

Cuando miro hacia atrás, me siento muy triste y avergonzada de que me hubiera llevado tanto tiempo finalmente tomar cartas en el asunto. El temor a lo que los demás pudieran pensar me había paralizado durante años.

Dejar la iglesia era solo el primer pequeño paso hacia la verdadera libertad en Cristo. El problema —según aprendería más tarde— en última instancia no era la iglesia, Pete, el tráfico de Nueva York o nuestras cuatro hijas. La cruel verdad era que yo misma constituía el principal problema. Cosas monumentales *dentro de mí* debían cambiar.

Mirar a los demás para decirme: «Estoy bien»

Sin darnos cuenta, Pete y yo nos habíamos convertido en hermanos siameses emocionalmente hablando. Estábamos unidos por la cintura de una manera poco saludable. Deseaba que él pensara y sintiera como yo, y Pete quería que yo pensara y sintiera como él. Él consideraba que yo debía sentir la angustia y la pasión que él tenía por plantar una iglesia en la ciudad de Nueva York. Yo creía que él tenía que sentir mi sufrimiento por las dificultades en nuestra vida (las largas horas, el poco dinero, la falta de vacaciones, la gente complicada).

> *La cruel verdad era que yo misma constituía el principal problema. Cosas monumentales dentro de mí debían cambiar.*

También estábamos unidos por la cintura en cuanto a sentirnos responsables por la tristeza, el enojo y la ansiedad del otro. Como resultado, vivíamos reaccionando mutuamente, minimizando, culpando, negando y defendiéndonos contra las emociones del otro. Se precisaba una cirugía radical a fin de separar nuestros mundos emocionales. No estábamos lo suficiente separados como individuos para disfrutar de una conexión y unidad genuinas. Yo temía las consecuencias negativas si cambiaba nuestra danza emocional. Aunque Pete no era un ogro en lo absoluto, sentía su desaprobación, ya que esta iba directo a la médula de mi identidad: si él se enojaba conmigo, entonces yo sentía que debía ser mala. La sola idea de que Pete, o cualquier otra persona para el caso, pensara mal de mí era peor que la muerte.

Sin embargo, algo estaba claro: me estaba muriendo. No podía respirar.

Durante los primeros nueve años de casados me conformé y acomodé a los deseos de mi esposo. Enseguida abandoné mi deseo de volver a la escuela, porque chocaba contra la ya saturada agenda de Pete. Evitaba «temas candentes» que sospechaba podrían dar lugar a una tensión en nuestro matrimonio. Era incapaz de tolerar la incomodidad y el dolor de una mueca de Pete o, peor aún, su enojo hacia mí. ¿Qué debía hacer? ¿Sería él desdichado si comenzaba a ser yo misma?

No obstante, pronto me di cuenta que este tema calaba más profundo y era más amplio que mi relación con mi marido. Los patrones enfermizos de autosacrificio y agradar a los demás se trasladaban a cada área de mi vida: las amistades, la iglesia, mis hijos y hasta mi familia de origen.

Como la mayoría de las personas, disfruto cuando la gente me dice, ya sea con palabras o no, que estoy en lo correcto. Eso es bueno. Me gustaba sentirme apoyada por Pete y los demás. El problema viene cuando la validación de otros se convierte en algo que uno *debe* tener. Tristemente, yo la necesitaba; *tenía* que recibirla para sentirme bien conmigo misma. En otras palabras, me sentía bien conmigo siempre y cuando los demás estuvieran bien.

Nuestro falso sentido de bienestar

Descansar en la aprobación de los demás para nuestro sentido de autoestima es una contradicción directa con la verdad bíblica. Nuestro falso sentido de bienestar —es decir, nuestra capacidad de ser amados, nuestro sentido de ser lo suficiente buenos— en definitiva no debe provenir de los demás, sino de dos realidades fundamentales:

Fuimos creados a la imagen de Dios. Ser hechos a la imagen de Dios significa tener un valor inherente. Somos tesoros sagrados, infinitamente valiosos como seres humanos a pesar de lo que hagamos.

Tenemos una nueva identidad en Cristo. Cuando comenzamos una relación con Cristo, encontramos nuestra nueva identidad en él. Ahora dependemos del historial inmaculado de Jesús para nuestra relación con Dios. Somos amados, estamos bien y se nos considera lo suficiente buenos por su causa. No hay nada que demostrar.

Durante años memoricé versículos claves, realicé estudios bíblicos sobre Gálatas y Romanos, y medité sobre la justicia de Cristo como el fundamento de quién yo era. A pesar de eso, grandes porciones de mi identidad no habían sido alcanzadas por la verdad del amor de Cristo hacia mí. Mi realidad diaria era que mi capacidad de ser amada no provenía de Cristo, sino de lo que otros percibían de mí. Necesitaba que la gente pensara que era una gran cristiana y una buena persona. A raíz de eso, siempre me encontraba diciendo que sí cuando quería decir que no, aunque me sentía infeliz.

Me sentía identificada con el apóstol Pedro en su lucha por liberarse de lo que los demás pensaran. Después del arresto de Jesús, los doce discípulos lo abandonan y huyen. Sin embargo, Pedro lo sigue hasta un patio externo mientas se celebra el juicio de Jesús y muchos lo reconocen como su amigo. Con todo, él niega tres veces conocerlo. Su temor a la desaprobación supera lo que sabe y cree intelectualmente como verdad. Pedro había confesado antes a Jesús como el Mesías, pero esta convicción no es lo bastante profunda *en él* como para soportar el posible rechazo y la desaprobación de la gente (Mateo 26:31-75).

> *Grandes porciones de mi identidad no habían sido alcanzadas por la verdad del amor de Cristo hacia mí.*

De la misma manera, mi identidad en Jesús no estaba tan cimentada como yo creía. Aunque mi matrimonio y la iglesia fueron fuentes importantes de angustia durante años, tenía temor de alterar esos sistemas. Como el apóstol Pedro, no podía hacerle frente al rechazo y la desaprobación. Finalmente reconocí que mi mayor obstáculo para hacer cambios saludables era el temor a lo que los demás pensaran de mí.

Esa verdad impactante me atravesó el corazón. Al igual que Pedro, estaba viviendo una ilusión. Creía en Jesús como Señor y Cristo. Disfrutaba del amor de Dios a un cierto nivel, pero este no penetraba en mí lo suficiente como para liberarme del temor a lo que los demás pensaran.

Héroes bíblicos que se descarrilan

Tú y yo no estamos solas en esta adicción a la aprobación. Las Escrituras están repletas de ejemplos de personas que se desviaron al mirar a los demás a fin de que les dijeran que estaban bien.

Abraham, por ejemplo, mintió al temer por su seguridad. Sintió temor a lo que el rey egipcio le podría llegar a hacer si se daba cuenta de que Sara era su esposa (Génesis 12:10-20; 20:1-18).

Jacob vivía llevado por el temor a lo que los demás pensaban. Continuó las mentiras de su madre en lugar de confrontarla (Génesis 27).

Rubén prefirió tratar con amabilidad a su hermano José en vez de venderlo como esclavo, pero la presión de los nueve hermanos lo superó. Preocupado por lo que pensarían si él era el único defensor de su hermano menor, se unió a ellos en un crimen espantoso (Génesis 37:12-36).

Aarón se solidarizó con la congregación descontenta que esperaba a que Moisés descendiera del Monte Sinaí después de cuarenta días. El pueblo quería un dios que pudieran ver y tocar, de modo que Aarón al final sucumbió a la presión y les construyó un becerro de oro para aplacar su ansiedad (Éxodo 32).

La tendencia de Timoteo a ser temeroso y ceder a los que lo rodeaban casi hace que la iglesia de Éfeso fuera desviada por los falsos maestros (1 Timoteo 1).

En todas estas situaciones, las consecuencias de mirar a los demás antes que a Dios a fin de conseguir aprobación y validación fueron desastrosas… para las mismas personas, su relación con Dios, y el pueblo al que amaban. Y ocurre igual con nosotros.

Un desvío del camino hoy en día

Decimos que Cristo ha cambiado nuestras vidas. No obstante, ¿de veras lo ha hecho? ¿Qué tan profundamente? Considera un par de situaciones actuales.

Sales a almorzar con otras seis personas. Estás en apuros económicos, pero vas porque en realidad te sientes bien con esa gente y quieres pasar un tiempo con ellos. Pides una ensalada y agua a un precio de seis dólares de modo que puedas mantenerte dentro de tu presupuesto. Mientras tanto, todos los demás ordenan entradas, aperitivos, tragos y postres. Te pones nerviosa cuando percibes que el mozo puso todo el pedido en una sola cuenta. En silencio oras que no dividan la cuenta en partes iguales.

«Nunca harían algo tan insensato», murmuras para tus adentros.

Después de dos horas de charlar y comer, alguien recomienda con entusiasmo: «¿Y si lo hacemos más sencillo y dividimos la cuenta en partes iguales? Sería un promedio de veinticinco dólares por cada uno, incluyendo la propina».

«Sí, es genial», responde alguien de total acuerdo.

¡Veinticinco dólares por persona!, piensas furiosa *Yo no quiero gastar ese dinero, sin embargo, ¿qué puedo hacer?*

Por dentro estás muriendo, pero no dices nada porque no deseas arruinar el clima festivo o, peor aún, ser vista como alguien mezquina. Pagas los veinticinco dólares, pero te sientes amargada y te prometes que nunca más lo volverás a hacer. Un mes después, mientes cuando el mismo grupo te invita a otro almuerzo y dices que ya tenías un compromiso.

Otro ejemplo más.

Joyce es la líder de un estudio bíblico desde hace mucho tiempo y un ejemplo para muchos en su iglesia. Joyce intenta arreglarse el cabello con una nueva peluquera que le recomendó una buena amiga. No obstante, cuando se sienta en la silla, se incomoda por lo que está viendo en el espejo.

Por dentro está pensando: *¡Ah, no! ¡No me gusta para nada este corte! Es un desastre...* A pesar de su preocupación creciente, no le dice nada a la peluquera. Continúa sonriendo por fuera y charla un poquito, mientras tanto ora que la tortura cese pronto y el daño sea reparable.

Cuando la estilista finalmente termina, Joyce casi no puede contener la furia. De todas maneras, de forma muy efusiva le da las gracias a la mujer delante de las demás clientas. ¡En realidad, se siente tan culpable por su ira contra la peluquera que le deja el *doble* de propina!

A veces nuestra necesidad de que otros nos digan que estamos bien resulta tan sutil, pero tan penetrante, que puede ser difícil y a la vez aterrador reconocerla en nuestra vida. Consideremos algunas posibilidades más.

- Estás dolida por el comentario de una amiga, pero no dices nada porque no quieres que piensen que eres susceptible o irritable.

- Tu mecánico te pasa una factura de casi el doble de lo que originalmente habían acordado por reparar tu auto, pero está ocupado con otros clientes y no quieres hacer una escena pidiendo una explicación.

- Saliste con un grupo de amigos a ver una película. Todos excepto tú quieren ir a ver una en particular, pero no quieres que te vean como una persona complicada o desagradable, así que te conformas y no dices nada.

- Tu familia quiere que vayas a la fiesta de jubilación de tu tía, a cien kilómetros de tu ciudad. No quieres asistir, pero vas de todos modos con tal de no tener que enfrentar la desaprobación de tus parientes.

- Estás involucrado en una relación de noviazgo enfermiza con alguien porque no sabes cómo terminar. Temes las repercusiones en los amigos mutuos y te preguntas si la gente dirá: «¿Qué anda mal con él? ¿Otra relación fracasada más? ¿Quiere quedarse soltero para siempre?».

- Estas visitando a unos vecinos, pero no disciplinas la mala conducta de tu hijo de cuatro años porque temes que te avergüence con otro berrinche.

- Tienes un empleado que está haciendo las cosas mal y agotando al resto del equipo. Le das indicios de que necesita cambiar, pero él no capta el mensaje. Eres su supervisor, pero no puedes tolerar la idea de hacer que pierda su empleo. Como no quieres despedirlo, tienes que contratar a otra persona para que lo cubra. Tu resentimiento crece.

- Tu jefe usa un lenguaje inapropiado cuando está cerca de ti, un lenguaje con contenido sexual. No le dices nada, ya que no desea que piense que eres un «moji-gato».

- No has cambiado tu corte de cabello por más de diez años porque tu esposo no quiere. Pero te fastidia la cantidad de tiempo que pasas arreglándolo y anhelas un cambio.

- Te gustaría hablar con tu cónyuge de tu vida sexual, pero tienes miedo de decir algo. No estás segura de cómo reaccionará.

Presta atención a cómo actúas en los próximos días. Observa tus interacciones con los demás. Determina el número de veces que tus palabras y acciones se modifican para obtener la aprobación —evitar la desaprobación— de los demás. Los cambios que hacemos en nuestra conducta a menudo son sutiles y están por debajo del nivel de nuestra conciencia. ¡Mantente alerta!

Ámate a ti misma por causa de Dios

Para muchos cristianos hoy el amor de Dios en Cristo sigue siendo una creencia intelectual que afirmamos más que una realidad que experimentamos, la cual transforma nuestros pensamientos y sentimientos acerca de nosotros mismos. Como consecuencia, continuamos buscando el amor de la gente de una manera destructiva. Bernardo de Clairvaux, el gran líder cristiano del siglo doce, habló de cómo el amor de Dios nos conduce a un amor sano hacia nosotros mismos. Le llamó a esto los cuatro grados del amor[1].

1. *Amarnos por nuestra propia causa.* Queremos evitar el infierno e ir al cielo, entonces hacemos las cosas correctas tales como asistir a la iglesia, orar y diezmar. Cuando la amenaza del cielo es eliminada, nuestra vida espiritual se disipa rápidamente.

2. *Amar a Dios por sus regalos y bendiciones.* Estamos felices con Dios siempre y cuando las cosas marchen bien en nuestras vidas. Cuando las pruebas y complicaciones empiezan, nos desilusionamos y alejamos de él.

3. *Amar a Dios solo por él.* En esta etapa nuestro amor a Dios no está basado en nuestros sentimientos o circunstancias. Lo amamos y confiamos en él por la belleza y bondad de quién es, no debido a lo que podemos obtener de él. Vemos nuestras tribulaciones y sufrimientos como dones para fortalecer nuestra fe y amor hacia él.

4. *Amarnos por causa de Dios.* En este cuarto nivel y el más alto, la anchura, la altura y la profundidad del amor de Cristo —un amor que sobrepasa todo conocimiento humano— ha penetrado ahora hasta lo más profundo de nuestro ser, liberándonos de nuestra necesidad de buscar ese amor en otros.

El amor nos hace libres para entender quiénes somos a la luz del amor de Dios hacia nosotros en Cristo Jesús. Tenemos valor y trascendencia, pero no por lo que hacemos o lo que los demás puedan llegar a decir. Somos «dignos de amor» porque Dios nos ama. El perfecto amor de Dios echa fuera todo el temor a lo que los demás piensen. Descubrimos que este amor, como escribe el salmista, es mejor que la vida (Salmo 63:3).

Cuatro razones para dejar de vivir buscando la aprobación de los demás

Si no logramos romper con nuestra necesidad de la aprobación de los demás, nuestro crecimiento se ve seriamente atrofiado. No podemos madurar hasta alcanzar la adultez espiritual. Se levanta una pared entre nosotros y el hermoso futuro que Dios tiene para nosotros. Nos conformamos con el falso confort de sentirnos bien si los demás se sienten bien con quiénes somos.

Son muy pocos los que disfrutan «causando problemas». Por lo general, todos preferimos jugar sobre seguro. Cambiar nuestra situación puede resultar aterrador y los obstáculos pueden verse como insuperables. Estos temores van desde perder a la pareja, el trabajo o las amistades hasta el miedo de perder el respeto de la gente que amamos.

Cuando el cambio parece tan abrumador, Dios con frecuencia utiliza el dolor a fin de disponernos a recibir su poder sobrenatural.

Cuando el joven rico rechaza el cambio radical de vida que Jesús le presenta, los discípulos, temiendo que el cambio sea imposible, preguntan: «¿Entonces quién podrá salvarse?». Jesús les responde: «Para los hombres es imposible, mas para Dios todo es posible» (Mateo 19:25-26).

El cambio es difícil y a menudo afecta los sistemas conformados por nuestros matrimonios, iglesias, amistades, familias o trabajos. Jesús constituye un ejemplo para nosotros de que morir a la aprobación de los demás es necesario a fin de experimentar el fruto de la vida resucitada, que es la libertad, el gozo y el amor.

> *Si no logramos romper con nuestra necesidad de la aprobación de los demás, nuestro crecimiento se ve seriamente atrofiado.*

¿Debiera extrañarnos que evitemos a toda costa hacer esta clase de movida colosal que se requiere para este primer acto de dejar?

Existen cuatro motivadores comunes que por lo general impulsan a las personas a decir al final: «¡No doy más!»[2]. Al leer cada uno de ellos, observa si hay una situación o relación similar en tu propia vida.

1. Violas tu propia integridad.

Violas tu integridad cuando lo que crees ya no es igual a lo que vives. Pasas por alto los valores que estimas. Existe una pared entre lo que sucede dentro de ti y lo que demuestras a los demás. Lo que eres «en el escenario», delante de la gente, no es lo que eres cuando te bajas de él y estás solo.

Por ejemplo, en el trabajo ya no puedes continuar mintiendo para cubrir a tu jefe porque temes perder tu empleo. Finalmente hablas, preparado para perderlo si fuera necesario. O tal vez tus padres quieren que sigas cierta carrera. Ellos sacrificaron sus sueños para que puedas ir a una universidad en particular. Preferirías hacer otra cosa, pero no te puedes imaginar diciéndoles que no, en especial luego de todo lo que sacrificaron por ti. Al final te das cuenta de que algo dentro de ti se está muriendo y necesitas hablarles con respeto acerca de tus pasiones y deseos.

Observamos esta misma dinámica en uno de los episodios más dramáticos del Nuevo Testamento. Cuando el apóstol Pedro llegó por primera vez a Antioquía desde Jerusalén, recibió a los cristianos gentiles incircuncisos y comió con ellos. Más tarde un grupo de cristianos judíos profesantes llegó de Jerusalén, convenciendo a Pedro de que se alejara y separara de esos gentiles. Ellos sostenían que iba en contra de la voluntad de Dios comer con los gentiles, porque se consideraban impuros. Cuando el apóstol Pablo observó esto, confrontó públicamente a Pedro por su hipocresía (Gálatas 2:11-14)[3]. Pablo se arriesgó a ser difamado y malinterpretado, poniendo en peligro su posición, reputación y futuro. Sin embargo, si Pablo hubiera elegido quedarse callado, habría violado su propia integridad acerca de la verdad del evangelio.

Las Escrituras dicen que Pedro tenía temor «a los partidarios de la circuncisión» de Jerusalén (Gálatas 2:12). Él temía la desaprobación. ¿En dónde te ves reflejado a ti mismo en esta historia? ¿Eres como Pedro, deseando la aprobación de los demás y actuando de manera inconsistente con tus valores? ¿O eres como Pablo, con una identidad tan cimentada en el amor de Cristo que te sientes capaz de atravesar la desaprobación de los demás para hacer lo bueno y verdadero?

2. Lo que amas o a quienes amas están en riesgo.

Te das cuenta de que si continúas tu marcha y conducta actual, perderás a alguien o algo muy querido para ti. Puede ser tu cónyuge, la familia, una carrera, tu futuro o incluso tú misma. Sientes que hacer un cambio es horrible, pero permanecer ahí resulta aun peor.

Sientes que hacer un cambio es horrible, pero permanecer ahí resulta aun peor.

Tal vez tu esposo tiene una adicción a la pornografía. Lo amas, pero es claro que no está dando pasos como para obtener la ayuda que necesita. El costo de no hacer nada se ha vuelto muy alto. Comienzas a ver que tu falta de voluntad para perturbar la paz te está costando el mismo matrimonio que deseas salvar. Finalmente dices: «No doy más» y encuentras a una amiga madura o a un consejero profesional que te ayuda a identificar los posibles pasos de acción.

John, un miembro de nuestra iglesia, trabaja tantas horas que resulta inhumano. Su jefe, un hombre autoritario y dominante, espera que trabaje seis días a la semana y se mantenga en espera de su llamada los domingos. Las pocas preciosas horas que tiene para su familia los domingos se ven interrumpidas a menudo. Su salario provee un buen ingreso para ellos, pero su incapacidad para ponerle límites a su jefe está creando un resentimiento creciente en su casa. Jane, su esposa, lucha con la depresión y cada vez se siente más incapaz de educar a sus cuatro hijos de entre cuatro y once años de edad. John ve a su esposa y su familia alejarse poco a poco de él.

A fin de medicar su malestar interior, él comienza a beber cada noche después del trabajo. Luego de varios meses, llega a un punto tan bajo que ya no se reconoce a sí mismo. Al final arriba a la siguiente conclusión: «Si no estoy dispuesto a arriesgarme a perder la aprobación de mi jefe, voy a perder mi alma y mi familia». Entonces ya sabe lo que debe hacer. Se plantará delante de su empleador, listo para hacerle frente a las consecuencias.

3. *El dolor de tu situación actual es tan grande que tienes que hacer un cambio.*

Algunos de nosotros tenemos una tolerancia tan enorme para el dolor, que se precisa una explosión para hacernos mover. Una joven atractiva y bien educada que conozco entraba y salía de una relación abusiva porque estaba bien familiarizada con ese trato por parte de su familia de origen. El dolor a la larga la llevó a dejar cualquier relación por completo. Cuando comenzó a recibir el amor de Cristo, su identidad fue moldeada de nuevo y pudo valorarse de la misma manera en que Cristo la valora.

Parker Palmer, un educador y escritor famoso, describe una depresión agobiante que le sobrevino al tratar de vivir una vida que no era la suya. Esta agonía lo llevó a liberarse de la tiranía de la aprobación de la gente y seguir el camino que Dios le había preparado[4]. En el caso de un amigo nuestro, un doctor tuvo que decirle que estaba a un paso de un ataque cardíaco para que hiciera unos cambios que debía haber hecho mucho antes en su estresante vida.

Tal vez has detestado tu trabajo por muchos años. El aburrimiento y la falta de desafío de estar mirando la pantalla de una computadora todo el día te está matando. No obstante, temes lanzarte a un cambio. Te preguntas si acaso tienes alguna habilidad comercial o si tu economía sufrirá una nueva baja. A pesar de tu miedo a quedarte sin empleo, ya no puedes soportarlo más. «Enfrentar lo desconocido no puede ser peor que mi situación actual», decides.

4. El temor de que las cosas se queden así es mayor que el temor de que las cosas cambien.

La noción de cambiar nuestra situación puede abrumarnos con facilidad. No obstante, llegamos a un punto en el que el pensamiento de quedarnos bajo ciertas circunstancias otros cinco, diez o treinta años resulta más aterrador que el riesgo del cambio. A veces esto nos sirve como un mensaje claro de Dios a fin de salir de la senda en la que vamos. El cambio se vuelve menos tenebroso que la perspectiva de quedarnos donde estamos.

Eres una maestra de español en una escuela secundaria. Amas el idioma español, pero enseñar a los adolescentes representa una lucha que detestas. Sobrecogida por el temor ante el pensamiento de hacer eso por el resto de tu vida, renuncias a la seguridad de recibir un cheque a principio de mes y la carrera para la que te preparaste. Persigues otras posibilidades y experiencias con el objetivo de estar a la altura de tus dones y pasiones.

Eres soltera y estás involucrada en una relación de largo plazo que se encuentra atascada y no va a ninguna parte. Cuando imaginas tu vida dentro de diez años, el riesgo de estar sola se vuelve menos aterrador que seguir atrapada en el mismo lugar con esta persona. La realidad te golpea hasta que finalmente decides terminar la relación.

Tienes una deuda de sesenta mil dólares en la tarjeta de crédito y sientes miedo de terminar en bancarrota. Tus opciones para el futuro son limitadas y sombrías. El temor de que esa deuda te arruine al final se vuelve mayor que el temor a cambiar tu estilo de vida de manera dramática. Comienzas un curso para aprender a mantenerte dentro del presupuesto y adaptas de forma radical tus hábitos de gastos.

Este temor fue un factor contribuyente que al final me impulsó a cambiar mi situación. El temor de que las cosas en nuestra iglesia o nuestro matrimonio nunca cambiaran se volvió más grande que mi temor a dejar la iglesia y correr el riesgo de no agradarles a los demás. Toqué fondo en términos de lo que estaba dispuesta a aguantar. Mi terror de que la vida siguiera siempre igual durante los próximos veinte años finalmente me motivó a decir: «¡Ya basta!».

Un modelo saludable

Para el momento en que llegamos a ser adultos, hemos acumulado millones de mensajes —verbales o no— de parte de nuestras familias, culturas, e incluso de nuestras iglesias. Ellos nos dicen lo que debemos hacer, ser, pensar y sentir para ser amados, aceptados y aprobados. Por esta causa, tomar la decisión de dejar de temer a lo que digan los demás no es un acto de una sola vez, sino una disciplina espiritual constante. La profundidad de nuestro deseo distorsionado de una validación falsa aparte del amor de Dios tiene mucho alcance, más de lo que podemos entender. Sin embargo, Jesús murió, resucitó y nos dio su Espíritu para que podamos vivir una transformación y libertad continuas.

Juan 12 nos cuenta la historia de María, la cual nos ofrece un modelo de lo que significa anclar nuestra identidad en el amor de Cristo por nosotros más que en la opinión de los demás. María se suelta el cabello en público y lava los pies de Jesús como si fuera una humilde esclava gentil. En la cultura judía antigua esto era visto como un comportamiento escandaloso. ¿Está tratando de seducir a Jesús? ¿No siente respeto por sí misma? ¿No está consciente de lo que la gente puede llegar a decir de ella?

> *La profundidad de nuestro deseo distorsionado de una validación falsa aparte del amor de Dios tiene mucho alcance.*

Sentada a los pies de Jesús, María no está preocupada por lo que puedan pensar de ella. El amor y el perdón de Cristo penetran hasta lo más hondo de su ser. Esta experiencia profunda no solo la libera del sentimiento de vergüenza, sino que ilumina la verdad acerca de su valor y estima. Su corazón rebosa de gratitud hacia Jesús por su amor, misericordia y asombrosa seguridad.

María comprende que su valía se relaciona más con Jesús que con las opiniones de la gente. Sus acciones no están dictadas por lo que está bien a los ojos del mundo, sino por lo correcto a los ojos de Cristo. Esto le brinda confianza en sí misma a pesar de lo que la gente piense.

Al igual que ella, estás invitada a basar tu identidad en una experiencia continua del amor de Dios en Cristo Jesús. Entonces y solo entonces serás capaz de vivir una vida sincera y auténtica.

Reflexiona sobre los movimientos de tu corazón y el amor de Dios

Cuando se trata de dejar de vivir buscando la aprobación de los demás, se avanza mejor poniendo en acción dos prácticas diarias: reflexionar sobre los movimientos de tu corazón y reflexionar sobre el amor de Dios. Por ejemplo, para reflexionar sobre los movimientos de tu corazón piensa en tus interacciones recientes con otras personas. ¿Qué cosa dijiste para lograr que los demás pensaran bien de ti? ¿Qué habrías hecho de manera distinta? Pídele a Dios que te ayude a estar alerta ante la tentación de adaptar tu conducta a fin de obtener la aprobación de los demás.

La segunda práctica diaria es contemplar el amor de Dios. Yo paso tiempo regularmente leyendo las Escrituras, en silencio y a solas, recibiendo el amor de Dios, permitiéndole que penetre y cambie cada célula de mi cuerpo. Esto ha demostrado ser fundamental para disipar poco a poco el temor a lo que piensen los demás. El principio es simple: Mientras más afianzamos nuestra identidad en el amor de Dios, menos necesitamos la aprobación de los otros para sentirnos amados.

Cuando decidas que te dejará de importar lo que piensan otros, estarás dando un paso enorme hacia el próximo «Deja de»: Dejar de mentir. En el siguiente capítulo exploraremos lo que significa vivir en la verdad y ser liberados de mentirnos a nosotros mismos, a Dios y a los demás.

2

DEJA DE MENTIR

Mentir conforma de tal manera una gran parte de nuestro mundo —en la política, los negocios, el matrimonio, las salidas románticas, la devolución de impuestos, la búsqueda laboral, las publicidades, la familia, las amistades, el lugar de trabajo, la escuela— que no deberíamos sorprendernos de que la mentira sea tan penetrante dentro de la comunidad cristiana.

- Saludas a alguien con una enorme sonrisa y un abrazo, pero la verdad es que no soportas a esa persona.

- Dices: «Estamos bien en nuestro matrimonio», cuando en realidad la mejor descripción es que la relación está fría.

- Afirmas: «Estoy bien. No me molesta haber perdido mi empleo. No estoy preocupada», pero lo cierto es que tienes mucho miedo de tu futuro.

- Comentas: «Creo que hiciste un gran trabajo», cuando en realidad crees que su desempeño fue a lo sumo aceptable.

- Declaras: «Ah, no puedo ir. Estoy muy ocupada», aunque la verdad es que prefieres no asistir a la actividad.

Mentir y fingir son actos tan incorporados a nosotros que casi no los notamos.

Mentir y fingir son actos tan asociados a nosotros que casi no los notamos. Cada cultura y familia tiene su manera particular de dar rodeos, ocultar los hechos y evitar los momentos desagradables. Mentimos con las palabras. Mentimos con nuestra sonrisa. Mentimos con nuestro cuerpo. Mentimos con nuestro silencio. Y pensamos que no es grave porque «todo el mundo lo hace».

«Buenas» mentiras cristianas

Al igual que la mayoría de las personas, yo mentía antes de entregarle mi vida a Jesús a la edad de diecinueve años. Sin embargo, lo más alarmante era la falta de conciencia que tenía de lo mucho que seguía mintiendo. Me mentía primero y principalmente a mí misma, luego a los demás, e incluso a Dios.

Mirando hacia atrás puedo ver que las iglesias a las que asistí promovían una variedad de mandamientos tácitos acerca de lo que era y no era aceptable decir. Esos mandamientos me alentaban a fingir que las cosas estaban bien cuando no lo estaban y a tergiversar la verdad para mantener la paz como una «buena cristiana».

Cuando sentía emociones tales como enojo, tristeza o desilusión, trataba de ignorarlas. ¿No se suponía, después de todo, que la vida cristiana debía ser gozosa y abundante? Le pedía a Dios que se llevara esos sentimientos. Él no lo hacía. Entonces yo seguía mintiendo.

Durante los primeros tiempos de mi matrimonio, mentía acerca de lo desdichada que me sentía por el ritmo de nuestra vida. Mentía sobre lo enojada que estaba por considerarme una madre sola. Mentía sobre el resentimiento que tenía hacia las personas complicadas en la iglesia. Mentía sobre lo terriblemente triste que estaba por vivir en Nueva York apartada de la naturaleza, las playas, las montañas, los senderos y los espacios al aire libre.

A menudo mentía dándole un amable y amoroso sí a las personas, mientras que en mi interior estaba enojada y diciendo que no. Mentía por temor; no quería desilusionar a la gente.

Los llevaba en mi auto cuando prefería irme directo a casa. Aceptaba invitaciones a actividades sociales cuando en realidad deseaba estar sola. Le decía a Pete que no me importaba si trabajaba hasta tarde cuando en realidad sí me importaba.

Durante años me sentí culpable por estar enojada o llena de furia.

«Geri, ¿está todo bien?», me preguntó una amiga un día cuando se me escaparon un par de comentarios cortantes.

Enseguida borré el rastro. «No pasa nada. Todo está bien». Sin embargo, mi tono de voz, las palabras ásperas y el lenguaje corporal me traicionaban.

La dedicación de Faith

Crecí en una familia donde los nacimientos de los hijos, las vacaciones, los cumpleaños y las graduaciones eran considerados acontecimientos sagrados. Tengo seis hermanos, veintitrés sobrinos y, en la actualidad, dieciséis sobrinos-nietos. Juntarnos para esos acontecimientos constituye una tradición familiar. Somos un clan irlandés-estadounidense, ferozmente leal y comprometido. Cuando nació Faith, nuestra tercera hija, naturalmente planificamos una celebración familiar en torno a la dedicación de nuestra bebé.

«Pete, en tres semanas van a venir más o menos veinte personas de mi familia», le dije, esperando que apartara un tiempo sin ir a la iglesia para ayudarme con la organización.

«Muy bien, eso es fantástico», respondió mientas se alejaba.

Supe lo que eso significaba. La iglesia andaba a toda marcha y él estaba sobreocupado. Así que me encontraba sola.

A medida que se acercaba el día, me ponía más tensa e irascible. Solo el hecho de tener que cuidar de tres niñas pequeñas —de seis, cuatro y ahora tres meses— era lo suficiente agotador. Además de eso, necesitaba asumir toda la responsabilidad de los preparativos para la llegada de mi familia, la de Pete y nuestros amigos.

«Detesto lo enfrascado que está en la iglesia», mascullaba para mis adentros. Al mismo tiempo me sentía culpable y egoísta. ¿Acaso él no se estaba entregando por todas esas personas en obediencia a Cristo? Aun así, deseaba disponer de un tiempo con él, quería que las niñas estuvieran con su padre. ¡Añoraba un descanso! ¿Cómo compites con la entrega a Dios, aun si está mal dirigida?

Tres días antes del gran acontecimiento, Pete me preguntó si podía hacer arreglos para que una niñera cuidara a las pequeñas a fin de salir conmigo a una cita romántica.

«¡Debes estar bromeando!», le respondí con sarcasmo. «¿Por qué no limpias la casa, lavas la ropa, envías las instrucciones sobre cómo llegar a la gente que viene de afuera de la ciudad, averiguas dónde pueden estacionar las visitas y cocinas para cuarenta personas? Ah, sí, y mientras estás ocupado en eso, encuentra también a una niñera».

Él se quedó callado.

No hubo cita romántica.

Tres días más tarde, un domingo soleado de abril, mi familia extendida realizó el arduo viaje a través del laberinto de túneles, puentes y tráfico para visitarnos en Queens. Acudieron a la iglesia ese domingo y luego a nuestro diminuto departamento en el segundo piso para la fiesta de celebración que comenzó a la una de la tarde.

Se suponía que Pete estaría en casa a las dos de la tarde. Por supuesto, él no había pensado en invitar a alguien a predicar a fin de estar en casa para el comienzo de la fiesta de nuestra hija, y yo no se lo había pedido tampoco.

¿Por qué debo decir lo que es obvio?, pensaba. No obstante, acepté que él llegara a casa una hora más tarde de que la fiesta hubiera comenzado.

Dos de la tarde. Pete no había llegado.

Tres de la tarde. ¡Pete no había llegado!

Cuatro de la tarde. ¡¡Pete no había llegado!! «¿Dónde está? ¡No puedo creer esto!».

Estábamos celebrando el nacimiento de nuestra hija y yo estaba entreteniendo a su familia, mi familia y nuestros amigos. Sola. Me sentí humillada.

Nuestras familias comenzaron a despedirse alrededor de las cinco y cuarto. Cuando mis padres se iban alejando, Pete entró por la puerta muy orondo.

«¡Ah! ¿Ya se van?», exclamó con una expresión de sorpresa. «¡La noche es joven! Me compliqué con unos asuntos serios en la iglesia».

Me sentía avergonzada delante de mi familia. ¿Qué deben estar pensando?

«¿A quién le importan tus asuntos serios en la iglesia? ¡Faith es tu hija!», grité dentro de mi cabeza, pero no dije nada.

Cuando nuestros familiares y amigos se marcharon, Pete trató frenéticamente de limpiar la casa como un acto de penitencia.

No le hablé por el resto de la noche y muy poco en los siguientes dos días. Mi lenguaje corporal y mi talante eran claros: «Mantente alejado. Te dejaré saber cuando quiera hablarte de nuevo».

Supuse que él se daba cuenta de lo difícil que había sido para mí, lo importante que era esta fiesta y que nunca más se volvería a repetir ese día.

Nunca más.

Por tres días no hablamos del asunto. Cuando finalmente le comenté lo desilusionada que estaba, le oculté la magnitud de mi enojo. ¿Cómo reaccionaría él?

Hacia el final de la discusión, reconoció que su tardanza fue una forma indirecta de castigarme por haberme negado a ir a la cita romántica tres días antes de la fiesta. Me confesó que esta era su forma de vengarse por mi actitud arrogante.

Se disculpó. Yo le extendí el perdón, como debe hacer una «buena cristiana», y seguí adelante.

No obstante, mentí.

Me llevó otros cinco años decirle la verdad de lo dolida que me sentía por sus acciones y que esta herida en particular estaba abierta y no había sanado.

El grado de verdad, el grado de libertad

Parte del maravilloso plan de Dios desde el comienzo ha sido que los seres humanos vivan en la verdad. Esto sigue siendo vital en su diseño a fin de que disfrutemos de libertad y gozo. Jesús dijo: «Si se mantienen fieles a mis enseñanzas, serán realmente mis discípulos; y conocerán la verdad, y la verdad los hará libres» (Juan 8:31-32). Esta verdad incluye tanto la verdad bíblica acerca de Dios como la verdad en general.

Como seguidores de Jesucristo, el grado en el que vivimos en la verdad determina el grado en que somos libres. Cuando mentimos en ciertas áreas de nuestras vidas, nos ponemos grillos y cadenas, limitando la libertad que Cristo conquistó para nosotros.

Si un pastor enseña la Biblia en su iglesia y luego se va a su casa y pasa tiempo en secreto viendo pornografía en la Internet, no es libre, sino que está en cadenas.

El jefe del comité de finanzas de continuo exhorta a la gente a ofrendar generosamente, aparentando ser un ejemplo en sus contribuciones monetarias, pero no ha dado un centavo. Teme ser descubierto. No es libre, sino que está preso.

> *El grado en el que vivimos en la verdad determina el grado en que somos libres.*

Larry y Tracy se presentan en su grupo pequeño como una pareja cristiana sólida. Sin embargo, Tracy a menudo explota de rabia con Larry. Él tiene miedo de hablar con ella o discutir sobre la más mínima cosa con tal de no empeorar la situación. No quieren admitir este problema ni entre ellos ni a los demás. Larry y Tracy no son libres, sino esclavos.

Una gran guerra espiritual se desata en torno a este tema en nuestras vidas. Por esta razón, Pablo cita el cinturón de la verdad como el primer elemento en la armadura de Dios que debemos ponernos para defendernos contra los poderes del mal (Efesios 6:12-14).

A la edad de treinta y siete años ya había sido una seguidora de Jesús comprometida por casi veinte años de mi vida antes de descubrir lo que significaba vivir en la verdad y experimentar la libertad en lo íntimo de mi ser (Salmo 51:6). Cuando dejé de mentir, decidí que ya no podía ser parte de la fachada falsa que entendía

> *Cuando dejé de mentir, decidí que ya no podía ser parte de la fachada falsa que entendía como la comunidad cristiana.*

como la comunidad cristiana y la iglesia. Ya no podía más llamarle verdad a la mentira, y a la mentira, verdad. El precio de mentir había sido muy alto. Al final, llegué al punto en que no tenía nada que perder al ser cruelmente honesta conmigo, los demás y Dios.

Como Dios es la verdad suprema, inconscientemente lo excluí de mi vida, dado que no vivía en la verdad. Cuando mentimos, ya no estamos bajo el dominio de Dios, sino de Satanás. Jesús se refiere al maligno como el «padre de mentiras» (Juan 8:44). Y una vez que cruzamos esa línea somos vulnerables a una variedad de ataques y engaños. Mientras que fuera deshonesta conmigo misma y con Pete respecto a mis verdaderos sentimientos por haberse perdido la fiesta de dedicación de Faith, la herida seguiría abierta. Eso traía como consecuencia una agitación interior y un resentimiento persistente hacia mi esposo.

Mentirnos a nosotros mismos

La persona a la que más le mentía era a mí misma. Mi deseo de lucir bien delante de los demás estaba tan arraigado que continuamente me engañaba diciendo: «Geri, no eres infeliz. Puedes salir adelante. Puedes ser feliz como Dios manda».

El problema era que me había sentido cada vez más desdichada y exhausta durante los primeros años de nuestra vida de casados. Siendo padres jóvenes de cuatro niños pequeños, habíamos comenzado una iglesia de cero en la ciudad de Nueva York, sin gente, personal ni dinero. Nuestra fe era una mezcla de un Dios amoroso, bueno y malo entrenamiento y teología, ingenuidad juvenil e ignorancia de nuestros asuntos personales. Mantener viva mi alma en medio de un ambiente así requería un montón de mentiras y negación.

Sin embargo, mentir hacía que fuera imposible amar a los demás de manera genuina. Mis conflictos internos combinados con la tristeza y la ira reprimidos me dejaban en un estado impredecible y poco fiable. El enojo ardía debajo de mi amable conducta cristiana.

El día en que admití que no era una persona tan amorosa fue el día en que di un gran paso para convertirme en ella. Una enorme carga de fingimiento cayó de mis hombros y por fin pude reconocer mi verdadera debilidad y quebrantamiento. Estaba humillada. Abrazar mis propias fallas fue lo que con el tiempo me hizo convertirme en una mujer más fiable, dócil y accesible.

Virginia Satir, una conocida terapeuta familiar, ha observado que los mensajes o las reglas que interiorizamos de nuestras familias y culturas de procedencia a menudo hacen que sea sencillo mentirnos a nosotros mismos. Algunas de esas reglas son verbales, aunque en gran parte no lo son. Ella escribe: «La mayoría vivimos

«La mayoría vivimos vidas inhumanas porque seguimos reglas inhumanas acerca de nosotros mismos».

Virginia Satir

vidas inhumanas porque seguimos reglas inhumanas acerca de nosotros mismos»[1]. Al leer algunos ejemplos de las «reglas inhumanas» de Satir, piensa en si alguna de ellas pueden ser esas reglas tácitas que han impactado tu vida.

- No demuestres tus sentimientos.
- No sobresalgas.
- No repliques.
- Siempre sé buena.
- No pelees.
- Obedece a la autoridad en todo momento.
- Siempre sé puntual.
- No te jactes; el orgullo viene antes de la caída.
- Los errores pueden matar; nunca cometas uno.

Cuando esas reglas se arrastran inconscientemente hasta la adultez y nunca se cuestionan, ahogan nuestra libertad y nos alientan a mentir. Por ejemplo, me digo a mí misma que no estoy enojada porque tengo una regla que dice que se supone que siempre debo ser buena. Me digo que no estoy desilusionada porque tengo una regla que afirma: «Tengo que ser buena y la gente buena no anda triste ni desilusionada». Le digo que sí a la gente cuando quiero decir que no porque tengo una regla que indica: «La gente buena siempre dice que sí».

Cuando crecemos con reglas familiares de este tipo, no es extraño que terminemos mintiéndonos acerca de nuestras necesidades y deseos. Trágicamente, restringimos aspectos importantes de la forma en que Dios nos creó. Es inevitable que limitemos así nuestra libertad de elegir —que nos ha sido dada por Dios— y minimicemos la verdad —también dada por Dios— de quiénes somos en realidad.

Mentirles a los demás

Un estudio publicado por Robert Feldman, un psicólogo de la Universidad de Massachussets, revela que mentir está íntimamente relacionado con la autoestima. Él concluye diciendo que mientras más la persona siente que su autoestima está siendo amenazada, más miente. En el estudio, la gente se preocupaba más por tratar de manejar la percepción de los demás hacia ellos y, como resultado, hablaban más y decían más cosas que no eran completamente exactas. Feldman llega a esta conclusión: «No estamos tratando tanto de impresionar a los demás como de mantener una visión de nosotros mismos consistente con la forma en que a ellos les gustaría que fuéramos»[2].

Por esta razón a menudo es más fácil mentirles a los otros —rozar la verdad por la superficie— que arriesgarnos a decir lo que es cierto. Parece más fácil no decir nada después de haber sido herida por la insensibilidad de una compañera de trabajo que confrontarla. Parece más fácil decir que sí a una cena con el jefe que admitir que tenemos un compromiso familiar. Parece más fácil irle con rodeos a un cliente sobre algunos detalles que someternos a la posibilidad de perder un contrato. Parece más fácil dar la impresión de que soy una cristiana fuerte y estoy creciendo que reconocer mi estancamiento espiritual.

¿Por qué? Porque pocos de nosotros podemos sentirnos cómodos viéndonos mal a los ojos de los demás o aun de nosotros mismos. Perdemos el derecho a la verdad con tal de no solo complacer a la persona que está delante de nosotros, sino también para asegurarnos una imagen positiva de nosotros mismos[3], ya sea cierta o no. Considera cómo la siguiente escena pone de manifiesto otros matices y complejidades acerca de mentirles a los demás.

Cristina llega a casa de su turno con el peluquero y encuentra a su esposo sentado a la mesa de la cocina leyendo el diario con una taza de café. Le da una palmadita en el hombro y le pregunta:

«Mike, ¿te gusta mi corte de cabello?».

Él levanta la vista del periódico, arquea un poco las cejas y examina con indiferencia el nuevo estilo enrulado de su esposa.

«No, no mucho», responde, regresando la mirada al periódico.

«¿Qué?», exclama ella. «¡A veces no puedo creer lo insensible que eres!».

Cristina se dirige herida y enojada hacia el espejo del baño para darle un vistazo más de cerca al aparente desastre de su cabello.

En una situación así, ¿qué le recomendarías a Mike? ¿Por qué no pudo decir sencillamente: «Te queda muy bien, mi amor»? ¿No sería más afectuoso pronunciar una pequeña mentira en vez de lastimar a su esposa?

¿Qué significaría para Mike no mentir? ¿Podría decir la verdad con un poco más de gracia?

Imagina a Mike diciéndole a Cristina: «Te amo, mi amor, por quién eres tú. Lo que opinas sobre tu nuevo corte de cabello es más importante que lo que yo creo. Si embargo, habiendo dicho esto, quisiera añadir que me gustaron más otros peinados que te has hecho antes».

O trata de visualizar a Mike respondiendo de manera inteligente y sincera: «Este corte de cabello no es mi favorito, pero para mí tú siempre eres hermosa».

Mentir puede darnos un alivio a corto plazo. Sin embargo, tiene un costo.

Hay muchos factores distintos que debemos tener en cuenta en una respuesta respetuosa, madura y sincera de parte de Mike. Por ejemplo, ¿qué tanta buena voluntad existe en su relación? ¿Cuál es su historia de pareja? ¿Cuál es su grado de conciencia y madurez?

Aunque parezca sorprendente, la persona que miente inconscientemente aquí es Cristina, cuando le hace a Mike la pregunta de si le gusta su cabello. Ella no está haciendo una pregunta franca. Lo que en realidad está tratando de comunicar es: «Estoy asustada y ansiosa de que no luzca bien. Quiero y necesito que me digas que estoy bien». La pregunta de Cristina en sí implica una mentira.

Como ella no parece sentirse cómoda con su cabello, quiere que Mike lo apruebe. Debido a que su apariencia es importante para ella —como lo es para la mayoría de nosotras— hasta algo pequeño como un corte de cabello puede impedirle descansar en el amor de Cristo. Para muchos de nosotros, así como para Cristina, la mentira está arraigada en la necesidad de que otros nos validen y afirmen a fin de sentirnos bien con nosotros mismos.

Mentir puede darnos un alivio a corto plazo. Sin embargo, tiene un costo. Lo que parece una mentirita inofensiva en el momento se convierte en algo más complejo y difícil con el tiempo. La salida fácil al final resulta ser más complicada. Nuestra relación se vuelve más distante y disminuye su calidad. La confianza de los demás en nosotros decrece. Nuestro estrés aumenta. Nos ponemos más ansiosos por tener que recordar qué versión de la realidad le contamos a la gente. Y lo más importante, nuestra capacidad de amar a Dios y a los demás, la misma razón de nuestra existencia, empeora.

¿Conflicto? ¡Algo debe andar bien!

La escritora Sandra Wilson declaró: «La verdad nos hace libres, pero primero nos hace miserables»[4]. En las relaciones edificadas sobre medias verdades o mentiras, la verdad puede ser en realidad el comienzo del fin. Una vez que empezamos a ser veraces, eso puede construir o destruir algunas de nuestras relaciones.

Cuando comencé a ser sincera con Pete, experimentamos un nuevo nivel de conflicto en nuestras relaciones que ya no podíamos ignorar más. Habíamos estado atascados en nuestras diferencias, incapaces de encontrar una salida. Decir la verdad lo cambió todo. El conflicto con Pete, aunque al inicio fue difícil y doloroso, finalmente nos condujo a la intimidad marital que siempre había soñado.

> *El conflicto es una señal de que algo anda mal, pero [...] puede indicar que todo está yendo bien.*

La mayoría de nosotros creemos que el conflicto es una señal de que algo anda mal, pero a menudo lo contrario es cierto. Puede indicar que todo está *yendo bien*. El conflicto es normal, importante y necesario cuando las relaciones íntimas entran en un nuevo ciclo de crecimiento y madurez.

Hablar la verdad no nos asegura una reacción bien recibida de parte de nuestros oyentes. La verdad dicha de forma irresponsable o con falta de respeto casi siempre produce un daño innecesario.

Recuerda, el Señor vino lleno de gracia y verdad (Juan 1:17). Hablar la verdad con amor incluye elegir el tiempo indicado, emplear las palabras de forma respetuosa, responsabilizarte por tus propios sentimientos y pensamientos, y hablar en primera persona.

No nacemos con estas habilidades, sino que debemos aprenderlas y practicarlas.

La práctica de decir la verdad

Una cosa es dejar de mentir y otra muy distinta es empezar a decir la verdad. Hacerlo con habilidad es una de las principales maneras en que reconocemos y respetamos la imagen de Dios en nosotros y los demás. Aprender a hablar la verdad resulta crucial para nuestra madurez espiritual. En la Iglesia Nueva Vida animamos a las personas a practicar decir la verdad con respeto, sinceridad, de forma directa y clara.

Respetuosamente. Sé amable, no insultante, teniendo en cuenta los sentimientos de la otra persona.

Irrespetuosamente: «Esa idea apesta...».

Respetuosamente: «Es una idea interesante» o «Estoy algo confundido por...».

Sinceramente. Di lo que en verdad piensas o sientes; no mientas o evadas la verdad.

Sin sinceridad: «No puedo ir a almorzar. Tengo otros planes».

Con sinceridad: «Prefiero no ir al almuerzo hoy porque quiero estar un tiempo a solas».

Directamente. No te vayas por las ramas o hagas insinuaciones para evitar la verdad. No hagas declaraciones cuando en realidad estás haciendo una pregunta.

Indirectamente: «Están exhibiendo una buena película en el cine, pero está lloviendo».

Directamente: «¿Te gustaría ir conmigo a ver una película aunque esté lloviendo?».

Claramente: Piensa antes de hablar para describir
bien lo que quieres decir. Incluye detalles.
Sin claridad: «Quisiera que algunas veces prepararas
la cena».
Con claridad: «¿Podrías preparar la cena los martes
y jueves y hacerte responsable de todos los
ingredientes que precises?».

Esto requiere reflexión y energía. Recuerda, probablemente
lleves toda una vida de no hablar con respeto, sinceridad, determinación y claridad. Pocos de nosotros hemos podido observar el
ejemplo en nuestras familias y culturas. Así que date tiempo y gracia para practicar esta nueva habilidad.

Mentirle a Dios

Muchas personas en realidad le mienten a Dios cuando le cuen-
tan solo lo que creen que él quiere oír o lo que *deberían* sentir. Yo
era una de ellas. Considera lo absurdo de tal situación, como si
Dios no nos conociera mejor que nosotros mismos. Después de
empezar a ser sincera conmigo misma, al final me volví brutalmen-
te franca con él.

Había experimentado un conflicto interior por muchos años.
Era una cristiana consagrada, pero aun así luchaba con pensamientos y sentimientos que no creía que fueran aceptables. La tristeza
y el enojo, por ejemplo, me llenaban de culpa y vergüenza. Estos eran defectos que debían suprimirse y negarse. Una y otra vez
le pedía a Dios: «Devuélveme la alegría de tu salvación» (Salmo
51:12). Lamentablemente, no entendía cómo Dios podía estar ha-
blándome a través del dolor en mi mundo interior.

En contraste, los modelos bíblicos de espiritualidad genuina
abrazan sus mundos internos y no mienten acerca de ellos. Los
profetas Elías y Jonás le decían a Dios con toda sinceridad que pre-
ferían morir (1 Reyes 19:1-5; Jonás 4:8). Job oraba oraciones inso-
lentes maldiciendo el día de su nacimiento luego de haber perdido
a sus diez hijos y su salud. Juan el Bautista, en una profunda lucha
interior, le expresó abiertamente al Señor su confusión acerca de la
verdad de que Jesús era el Mesías. Dios nos dice que no andemos

con rodeos ni disimulos en nuestra relación con él. Tenemos que enfrentar, en la presencia de Dios, todas nuestras desilusiones y luchas (grandes o pequeñas) junto con todas las emociones que vienen aparejadas.

Pensaba de modo erróneo que si no decía ciertas cosas en voz alta, no serían una realidad, incluso para Dios. Él no sabría lo enojada, deprimida, avergonzada, desesperanzada o confundida que me sentía (como si ya no supiera todos mis pensamientos y sentimientos). Mientras más auténtica me mostraba conmigo misma, más crecía en el conocimiento de Dios. Las Escrituras y la gracia se hicieron más vívidas de nuevas maneras.

Mediante un compromiso valiente con la verdad, avanzamos mano a mano con Dios, experimentando su promesa de que la verdad nos hará libres.

Acabemos con el fingimiento y recibamos un adelanto del cielo

No te equivoques en esto: Decidir dejar de mentir y comprometernos a decir la verdad al inicio se sentirá como la muerte, porque es algo que está muy arraigado en nosotros. Sin embargo, se trata de una muerte buena, que a fin de cuentas lleva a la vida y la resurrección.

Una vez que acabes con el fingimiento de la superficialidad y la «bondad» que caracteriza gran parte de nuestra cultura cristiana, experimentarás liberación y una vida en comunidad genuina que es en realidad un adelanto del reino de los cielos. Tus relaciones se volverán más auténticas. Ya que no tienes nada que esconder, tus niveles de estrés y ansiedad disminuirán. Tu autoestima será más firme porque tu integridad no está quebrantada. La paz con Dios, contigo misma y los demás inundará tu vida.

> *Cuando dejas de mentir, estás despertando al «verdadero yo» que Dios ha plantado dentro de ti.*

Cuando dejas de mentir, enciendes tu espiritualidad. Estás quitando las capas falsas y despertando al «verdadero yo» que Dios ha plantado dentro de ti. Por la gracia de Dios serás la persona más libre de la tierra.

Y no habrá vuelta atrás.

Cinco años después de la fiesta de dedicación de Faith, Pete y yo finalmente tuvimos esa conversación acerca de mi angustia y decepción. Como ya habíamos comenzado a practicar las habilidades para ser veraces en nuestra relación, pudimos mostrarnos respetuosos, sinceros, directos y claros. Yo lloré mientras derramé mi dolor. Él me escuchó. Ambos sabíamos que no podíamos repetir ese acontecimiento único. Dijimos todo lo que debíamos decir y nos abrazamos. Pete me pidió perdón. Al final, pudimos darle un cierre sanador a un episodio triste de nuestra historia.

Cuando dejamos de mentirnos a nosotros, a los demás y a Dios, comienza un gran despertar. Algunas partes de nosotros que antes estaban enterradas —tanto las buenas como las malas— ahora emergen. Surge una nueva pregunta: ¿A qué cosa debo morir y no estoy muriendo dentro de mí? Discernir entre lo bueno y lo pecaminoso es un gran tema y nos lleva al siguiente capítulo, que trata acerca de dejar de morir a las cosas incorrectas.

3

DEJA DE MORIR A LAS
COSAS INCORRECTAS

Muchos cristianos viven vidas infelices y frustradas. Están cansados, no se sienten realizados, a menudo cargan con ciertos resentimientos, de modo que poco a poco se desgastan y se preguntan qué es lo que anda mal. Ellos están muriendo a las cosas equivocadas. Morir a las cosas incorrectas significa privarte de los dones que Dios te dio y los placeres que nutren tu vida en él.

Mueres a las cosas incorrectas cuando dejas a un lado o le restas valor a actividades que hacen que tu alma se sienta plenamente viva (la música, la danza, la escritura, el arte, la astronomía, la naturaleza); cuando pasas por alto relaciones significativas; cuando cuidas de los demás en detrimento de ti misma; y cuando no declaras tus preferencias honestamente, relegándote siempre por los demás.

Morir a las cosas incorrectas refleja una falta de respeto por ti misma y una imposibilidad de comprender tu dignidad personal como un ser creado a la imagen de Dios mismo. Esto bien puede conducir a una distorsión trágica y una mala aplicación de lo que significa entregar nuestras vidas por Cristo.

¿Una cristiana o un ser inexistente?

Durante mi primer año en la universidad, cuando era una estudiante de intercambio en Inglaterra, me convertí en una seguidora comprometida de Jesús. En ese momento tenía una meta primordial: amar y servir a Cristo como respuesta a su amor sacrificial por mí. Entonces tomé esta declaración como mi versículo de vida: «Si alguien quiere ser mi discípulo, que se niegue a sí mismo, lleve su cruz y me siga» (Marcos 8:34).

Después de regresar a los Estados Unidos me involucré bastante en el liderazgo cristiano de la universidad a la que asistía. Lideraba grupos pequeños, organizaba eventos y alcanzaba a mi grupo de amigos. Pete y yo solíamos bromear diciendo que nos especializábamos en la materia de Cristo y tomábamos las otras asignaturas académicas como estudios optativos.

Después de graduarme y enseñar en una escuela secundaria por dos años, pasé tres años más en la Fraternidad Cristiana InterVarsity, sirviendo a los estudiantes en la Universidad Rutgers y otras universidades de Nueva Jersey. Después de varios años de entregarme por completo a los estudiantes, me sentía fatigada. Sin embargo, cuando Pete y yo nos comprometimos, tenía la esperanza de que nuestro matrimonio iniciaría un nuevo capítulo menos intenso en mi vida.

No tenía idea del tsunami que estaba por interceptar mi camino.

Después de cinco meses de casados, seguí la visión de Pete de aprender español en Centroamérica con el fin de regresar a los Estados Unidos y comenzar una nueva iglesia. Yo no tenía una visión propia excepto la de casarme con él. Así que partimos hacia América Central y fuimos a vivir a un barrio muy pobre con una familia de diez hijos que no hablaban una palabra de inglés. ¡Sí, diez hijos!

Después de casi un año en Costa Rica, regresamos a Nueva York. Al primer mes de estar en casa, di a luz a nuestra primera hija, mientras que Pete se sumergía en la enseñanza y establecía los cimientos para la Iglesia Nueva Vida.

Los ocho años siguientes fueron todo un torbellino criando niñas pequeñas, albergando montones de gente en nuestra casa, rescatando a personas en crisis y lidiando con las interminables demandas de comenzar una iglesia desde cero. Me estaba muriendo por dentro.

Enseguida se hizo notable que una mala comprensión y aplicación de mi versículo favorito —«si alguien quiere ser mi discípulo, que se niegue a sí mismo, lleve su cruz y me siga»— me estaba matando. Sintiéndome débil física y emocionalmente, debería haber estado ganando el mundo entero en términos de un ministerio productivo, pero lo único que estaba haciendo era perder mi propia alma.

La persona demostrativa y sociable que una vez fui había desaparecido por completo. Me deprimía cada vez más y anhelaba retirarme de la gente lo más posible. Mi desdicha alcanzó tales proporciones que no me reconocía a mí misma. Ahí fue cuando dejé la iglesia.

Pete y yo necesitábamos ayuda desesperadamente para sortear la agitación en nuestras almas, el matrimonio y la iglesia. Bajo la guía de un consejero sabio, comencé a sentir la vida fluir de nuevo por mis venas cuando me di permiso para expresar lo que sentía y pensaba de verdad. Afirmé mi enojo, heridas y agotamiento.

«Sí, tiene sentido que te sientas de ese modo», dijo nuestro consejero. Y continuó indicando: «Geri, ¿alguna vez pensaste en este principio: "Amarás bien a los demás en el grado que puedas amarte a ti misma"?». Sus palabras se derramaron como agua viva en mi alma reseca.

Comencé a darme cuenta de una verdad dolorosa: «Tal vez he estado sacrificando las partes incorrectas de mí misma […] partes que Cristo nunca me pidió que entregara. Tal vez mucho del sufrimiento no fue por el evangelio[1]. ¡Es posible que fuera pura estupidez e ignorancia!» Solo pensar en ello resultaba muy alarmante.

¿Podría ser que estuviera muriendo a las cosas incorrectas?

¿Una «cristiana buena y afectuosa»?

Durante mis primeros tiempos como creyente aprendí que «una cristiana buena y afectuosa» personificaba ciertas cualidades. Esos mensajes eran ejemplificados y alentados por la subcultura cristiana en la que estaba siendo formada espiritualmente.

Deseaba ser una cristiana buena y cariñosa sin importar lo que costara. Y por error creí que esas personas buenas y amables se caracterizaban por cinco cosas: nunca decían que no, tenían una agenda social muy activa, hacían malabares con muchas cosas a la vez sin quejarse, realizaban un montón de tareas, y ponían las necesidades de los demás antes que las suyas.

Nunca dicen que no

No entendía el poderoso principio bíblico de los límites como un don de Dios[2]. Dios pone fronteras alrededor de cada cosa viviente, incluyendo los seres humanos. No fuimos creados para ser máquinas de veinticuatro-horas-los-siete-días-de-la-semana. Nuestros cuerpos y mentes necesitan dormir y descansar. Tenemos límites específicos acordes a nuestra edad, personalidad, estado civil, hijos, dones, educación, familia de origen y situación económica.

No entendía el poderoso principio bíblico de los límites como un don de Dios.

Por algún motivo suponía que si alguna necesidad se cruzaba en mi camino, era la voluntad de Dios que yo la supliera. Resultaba obvio que era lo correcto. Me sentía culpable si no lo hacía.

Mis conversaciones eran algo así:

Amiga: «Geri, ¿me puedes llevar hasta casa?
Geri: «¡Claro!» (Aunque eso me desvíe de mi camino y esté cansada).

Miembro de la iglesia: «Geri, ¿puedes enseñar en la clase de la Escuela Dominical hoy? Me acosté tarde con mi hija de tres años y no me siento bien».
Geri: «¡Por supuesto que sí!» (Aunque yo también esté cansada porque de igual forma tengo hijos pequeños).

Pete: «Geri, ¿puedo invitar a alguna gente a cenar?
Geri: «¡Está bien!» (Aunque preferiría que estuviéramos solos).

Sin importar cuál fuera el pedido o la necesidad, a pesar de lo agotada o vacía que me sintiera, creía que una cristiana buena y amorosa casi nunca decía que no.

Tienen una agenda social muy activa

Mi activa vida social me daba un falso sentido de bondad y afecto. Pensaba, de modo equivocado, que era una buena cristiana si tenía un montón de invitaciones. Mientras más compromisos sociales tuviera, mejor me sentía.

A la larga, esas invitaciones se convirtieron en una terrible carga, ya que me sentía obligada a decirle que sí a *todos*. ¿A cuántos cumpleaños, fiestas en espera de un bebe, graduaciones, bodas, almuerzos, cenas y actividades de la iglesia un ser humano puede asistir? A pesar de mi necesidad de estar a solas, rendía mi calendario a las obligaciones sociales de nuestra iglesia, mi gran familia extendida y nuestras cuatro pequeñas. Esto era una receta para el desastre.

Hacen malabares con muchas cosas y no se quejan

Sentía que esta era la verdadera prueba de mi espiritualidad. Sacando otro texto bíblico de contexto, me decía que todo lo podía en Cristo que me fortalece (véase Filipenses 4:13)… ¡y lo debía hacer sin quejarme!

En realidad, terminé quejándome —y mucho— pero no de una manera clara o directa. Nunca admitía: «Nuestras vidas están sobrecargadas, no quiero vivir más así». En cambio, lloriqueaba y evitaba a las personas con las cuales estaba enfadada. Casi siempre me quejaba con un tercero en vez de acudir directamente a la persona.

> De alguna manera había adoptado la creencia de que mientras más ocupada estuviera, más espiritual sería.

Mis actos de malabarismo finalmente me vencieron. Quería renunciar, pero me sentía impotente para hacer algo al respecto. Trataba de pasarle mi frustración a otro, por lo general a Pete. ¿Es de extrañar que anduviera vagando sumida en la depresión?

Realizan muchas tareas

De alguna manera había adoptado la creencia de que mientras más ocupada estuviera, más espiritual y piadosa sería. Si me mostraba generosa y sacrificada con mi tiempo, entonces debía ser una buena persona. El apóstol Pablo parecía hacer un montón de cosas. Jesús también. Asimismo la mayoría de las así llamadas cristianas maduras que conocía en ese tiempo. Una vez un líder cristiano me dijo que él iba a trabajar todo lo posible hasta que se muriera. «Tengo mucho tiempo para descansar en el cielo. Por ahora, trabajaré tanto y tan duro como me sea posible», remarcó.

Yo realizaba un montón de tareas también. El problema es que estaba cansada, resentida y amargada.

Ponen las necesidades de los demás antes que las suyas

Mi guía para la vida cristiana se resumía en tres aspectos:

Jesús primero
Los otros en segundo lugar
Yo en tercero

Siempre había puesto las necesidades de los demás antes que las mías, ya fueran las de mi esposo o la de mis hijas. Traté —sin éxito— de vivir según mi estrecho entendimiento del mandato de Pablo en Filipenses 2:3-4: «Con humildad consideren a los demás como superiores a ustedes mismos. Cada uno debe velar no sólo por sus propios intereses sino también por los intereses de los demás».

El problema era que eso no estaba funcionando. Solo me sentía más miserable a medida que tales demandas drenaban lentamente el gozo auténtico de mi alma.

Las dos tensiones

En los primeros años de practicar mi fe, la mayor parte de mi formación espiritual se enfocó primordialmente en la depravación y el pecado. Rara vez se mencionaban las buenas semillas de Dios ocultas debajo de mi personalidad única, creada a su imagen. El corazón humano se consideraba *solamente* engañoso y jamás era digno de confianza.

Por supuesto que cada parte de nuestro ser está afectada y desfigurada por el pecado. No obstante, debido a la imagen de Dios en nosotros, la bondad también habita dentro de cada ser humano. Eso incluye a los arrogantes religiosos, los criminales, los sin techo, a ti y a mí. Henry Nouwen lo describe bien:

> Por mucho tiempo consideré a la baja autoestima como alguna clase de virtud. Me habían advertido tantas veces contra el orgullo y el engreimiento, que llegué a considerar algo bueno el menospreciarme. No obstante, ahora me doy cuenta de que el pecado verdadero es negar el primer amor de Dios por mí, ignorar mi valor original. Porque sin reconocer ese primer amor y el valor original que tengo, pierdo contacto con mi verdadero yo y me embarco en la búsqueda destructiva entre las personas incorrectas y los lugares errados de lo que solo puede ser hallado en la casa de mi Padre[3].

Una teología bíblica desequilibrada no logra sostener estas tensiones hermanas, lo cual resulta en toda clase de confusión acerca de morir a lo correcto y lo incorrecto.

Morir a las cosas incorrectas

Como resultado de esas creencias erradas, moría a las cosas que no tenía que morir. Creía que poner las necesidades de los demás antes que las mías significaba morir al yo. Además de sacrificarme por las necesidades de mi esposo, mis hijos y la iglesia, morir al yo —mal entendido— también requería que me sacrificara por la lista de personas que vivían en nuestra cuadra.

Cruzando la calle vivía una joven madre soltera que dependía de la ayuda social para criar a sus seis hijos. De continuo asumía la carga de ayudarla, ya sea llevándola al mercado, cuidando a sus hijos o dándole ropa y dinero.

Los vendedores de drogas que vivían al lado de nuestra casa constantemente ponían a prueba mi amor, paciencia y «abnegación». Nos despertaban muchas noches cuando sus clientes tocaban la bocina esperando su pedido regular de drogas. Sus perros ladraban por horas durante el día mientras ellos dormían. Nos golpeaban la puerta para pedirnos dinero. Y cuando se armaban estallidos y peleas con sus prostitutas tarde en la noche, nos quedábamos acostados, pero despiertos, esperando que acabaran pronto.

Con esas montañas de necesidades que me confrontaban cada día y sintiéndome obligada a decir que sí a todas ellas —sin quejarme— experimenté una clase de muerte interior, pero eso no era morir a mí misma. En cambio, de modo equivocado moría a un montón de dones que Dios me estaba invitando a recibir.

Por error morí a mi deleite y amor por la vida al aire libre, las excursiones, los lagos, los océanos y las montañas. Me encantaba acampar, pero con la intensidad del servicio a Cristo y el desagrado de Pete por esa actividad, morí al amor por la naturaleza… durante diecisiete años. ¡Aunque teníamos un hermoso árbol en nuestro jardín trasero, eso distaba mucho de la vida al aire libre! Cuando de manera constante rechazaba las invitaciones a pasar las vacaciones de verano en la casa en la playa de mis padres, mi alma se arrugaba y mis resentimientos crecían. Aunque vivo en la zona urbana de Queens, Dios nunca me había pedido que muriera a mi amor por la belleza de la naturaleza, aunque llegar allí requiriera mucho esfuerzo.

Por error morí a mi necesidad de silencio y soledad. El hecho de haber sido una madre sola durante los primeros años casi me mata. Por años vivimos cerca de una gran autopista y nos veíamos forzados a soportar el ruido de los autos zumbando toda la noche. Con el ruido constante y la gente entrando y saliendo de nuestra casa, había poco espacio para el silencio y la soledad que tanto anhelaba.

Por error morí a mi familia extendida. Me perdí reuniones familiares importantes por causa de la iglesia. Me perdí varios fines de semana con las mujeres, cuando mis primas, hermanas y tías salían juntas. Estuve ausente en las bodas y otras actividades de fin de semana. No me valoré a mí misma como para pedirle a Pete que reacomodara su vida a fin de que yo pudiera participar de esas ocasiones. Creía, de modo equivocado, que me estaba perdiendo esos acontecimientos debido a mi compromiso con Cristo. Como una mártir, me rendí sumisamente a mi situación.

Por error morí a un crecimiento personal intencional. No desarrollé los dones de liderazgo ni perseguí un título académico. Me relegué a un segundo plano, a un rol de ayuda, pero no por un llamado de Dios, sino por las expectativas de género de la cultura de la iglesia y mi familia de origen.

Y finalmente, *Pete y yo por error morimos* a un gran matrimonio. No sabíamos lo que nos estábamos perdiendo. Lleva tiempo —mucho tiempo— crecer y nutrir un matrimonio maduro, íntimo y satisfactorio para ambos. No recibimos entrenamiento sobre lo que significaba cultivar un buen matrimonio, y había pocos —por no decir ninguno— modelos a seguir. Simplemente nos dedicamos a amar a los demás en la iglesia y dilapidamos el gozo de Dios durante los primeros ocho años de matrimonio.

¿Has muerto por error a algo que Cristo no te ha pedido que dejaras? Pete y yo a menudo usamos *La oración de examen* a fin de ayudarnos a discernir si estamos muriendo a las cosas incorrectas. Pasamos unos minutos en silencio y nos preguntamos: «¿Cuándo fue que me sentí más vivo en esta semana que pasó? ¿Y cuándo fue el momento en que más sentí que la vida se me escurría?»[4].

Si morimos a las cosas incorrectas, en última instancia terminamos desobedeciendo. Un rabí judío lo expresó de este modo: «Para nosotros los judíos, estudiar la Biblia es más importante que obedecerla, porque si no la entiendes correctamente la obedecerás de manera errada y tu obediencia se convertirá en desobediencia»[5]. Aunque él puede estar exagerando con el objetivo de enfatizar un punto, morir a las cosas correctas y no a las incorrectas resulta esencial para una vida de fe.

Morir a las cosas correctas

Dios nunca nos pide que muramos a partes de nosotros que le dan vida a nuestra alma. A David, por ejemplo, nunca le pidió que dejara su amor por la música y escribir poesía. Siendo un rey muy ocupado y bajo una enorme presión, fácilmente hubiera podido no pasar tiempo componiendo salmos. Sin embargo, nosotros nos beneficiamos hasta el día de hoy de su decisión de continuar escribiendo.

> Dios nunca nos pide que muramos a partes de nosotros que le dan vida a nuestra alma.

Tenemos que morir a las partes pecaminosas de nosotros —la actitud defensiva, la arrogancia, la hipocresía, el espíritu de juicio, la búsqueda de nuestro valor y dignidad aparte de él— así como también a los pecados más evidentes como murmurar, mentir, robar, codiciar y otros por el estilo. David tuvo que morir a su mentira, su preocupación por lo que pensaban los demás, y al hecho de haber puesto su confianza en su poderío militar en vez de en Dios[6].

Hay muchas cosas debajo de la superficie de nuestra vida que necesita excavarse si hemos de ser transformados. Partes profundamente arraigadas que precisan que las confrontemos y matemos. Este es el único camino si queremos andar en la libertad, la verdad y el amor de Cristo.

Por ejemplo, yo necesitaba morir a mi actitud defensiva y la vergüenza social, a un espíritu crítico, a la necesidad de tener la razón, a mis temores de vulnerabilidad y debilidad, así como a la aprobación de la gente. Durante la mayor parte de mi vida el pensamiento de admitir abiertamente mis errores y puntos débiles me hacía sentir peor que la muerte.

Recuerdo haber llorado en el sillón de nuestra sala con Pete mientras luchaba con el hecho de parecer débil delante de la gente. Me sentía aterrorizada, como si fuera una trapecista volando por el aire sin tener una red debajo. Entonces, en medio de mi terror, escuché la suave voz de Dios: «Geri, hay una red debajo de ti. Es el evangelio. Cristo murió por ti. Eres muy amada. Puedes ser débil. No tienes que demostrarle nada a nadie».

El hecho de morir al yo supone que tienes un yo.

Las ilusiones acerca de lo que significaba ser una cristiana buena y cariñosa se derrumbaron delante de mí. Ahora podía empezar a morir a las cosas correctas: la autoprotección y mi temor al rechazo. Fue como nacer de nuevo, y luego otra vez.

Descubre tu verdadero yo

El hecho de morir al yo supone que tienes un yo.

El problema con muchos cristianos comienza cuando tratamos de sacrificar un yo que no poseemos. Tratamos de morir a nuestros temores, enojos, tristezas, por ejemplo, sin primero reconocer que tenemos miedo, estamos enojados o tristes. Tratamos de morir a ciertos pensamientos y sentimientos que no son del reino de Dios sin antes reconocer plenamente que existen dentro de nosotros. Tratamos de amar y respetar a los otros cuando no nos amamos y respetamos nosotros mismos. Somos amables con los demás cuando no lo somos con nosotros.

Algo que me ha ayudado a través de los años ha sido la conciencia de que el «yo» existe en dos mundos, uno externo y otro interno. El externo incluye a la gente con la que me relaciono y las cosas que suceden a mi alrededor. Experimento el mundo exterior a través de los cinco sentidos: lo que veo, pruebo, toco, huelo y oigo. El mundo interior incluye lo que sucede dentro de mí, mis pensamientos, sentimientos, valores, amores, creencias y motivaciones.

Mucha gente anda por la vida consciente mayormente de su mundo externo y visible, pero la mayoría de nuestras vidas se ve impactada de modo significativo por el mundo interno que existe dentro de nosotros. Y muy pocos dedicamos el tiempo suficiente a la reflexión necesaria para cultivar la conciencia de nuestro mundo interior.

En mi jornada de discernir las partes a las que debía morir y las que no, resultó crucial conocerme más a mí misma. Los siguientes tres «conocimientos» me permitieron descubrir los aspectos de pecado que debía hacer morir y también me ayudaron a recuperar las semillas de mi verdadero yo que necesitaba nutrir. Hay tres áreas primordiales que debes conocer y explorar si quieres crecer en el conocimiento y la conciencia de ti misma: tu corazón, tu historia y tu personalidad.

Conoce tu corazón

Conocer tu corazón significa prestarle atención a la amplia multitud de pensamientos y sentimientos que albergas en tu interior en cualquier momento dado. Dag Hammarsjold, antiguo secretario general de las Naciones Unidas, describe el desafío que yace delante de nosotros: «Nos hemos vuelto adeptos a explorar el espacio exterior, pero no hemos desarrollado habilidades similares para explorar nuestro propio espacio interior personal. En realidad, el viaje más largo es el viaje introspectivo».

Observa el círculo de abajo, que representa tu mundo interior o tu corazón.

YO

Pensamientos

Sentimientos

Juicios

Esperanzas

Temores

Creencias

La forma en que piensas y sientes es lo que compone tu ser interior. Eres moldeado por tus anhelos. Tus preferencias. Tus miedos. Tus creencias. Tus valores. Tus sentimientos. Tus pensamientos. Todo eso te identifica a ti. Antes de seguir leyendo, considera dedicar unos minutos o más a escribir acerca de lo que sientes, prefieres, valoras y otras cosas por el estilo. Esto te llevará a sacar a la luz durante el proceso quién eres en realidad. Conocer las profundidades de tu corazón no resulta sencillo; requiere trabajo, a menudo un trabajo doloroso. Se precisa una apertura al Espíritu Santo y tiempo para reflexionar.

Al igual que para muchas personas que conozco, mis verdaderos valores —lo que considero importante— se encontraban enterrados en mi subconsciente. Como no estaba segura de cuáles eran mis valores positivos (las cosas que me gustaban), comencé identificando mis valores negativos (las cosas que no me gustaban). Empecé a escribir como respuesta a esta pregunta: ¿Qué cosas no me gustan? A continuación aparecen algunas de las cosas que escribí al principio en mi diario.

- No me gusta estar con gente enojada.
- No me gusta decir «no».

- No me gustan los lugares abarrotados de gente.
- No me gusta criar a mis hijas sola.
- No me gusta estar casada con alguien que trabaja constantemente.
- No me gusta estar ocupada.

Después me hice preguntas más difíciles: ¿Qué cosas valoro? ¿Qué es lo más importante para mí? ¿Cuáles son mis esperanzas, preferencias y alegrías? ¿Qué me proporciona un deleite genuino?

Como conté antes, un número de cosas a las que había muerto por error revivieron dentro de mí: mi deseo de estar en silencio, las excursiones al aire libre, un matrimonio lleno de intimidad, la creatividad y la exploración de nuevos lugares.

Discernir los valores importantes para nosotros lleva tiempo.

No ser capaces de reconocer lo que sucede en nuestro corazón a larga nos hace perder la conexión con nosotros mismos. Y si perdemos esa conexión, enseguida dejamos de depender del Espíritu de Dios. Crecer espiritualmente y ser capaces de amar a los demás son cosas que se vuelven casi imposibles.

Conocer tu corazón exige estar en la presencia de Dios y hacerte algunas preguntas difíciles sobre tus acciones, reacciones, motivaciones, sentimientos y pensamientos. El siguiente incidente ilustra mejor este proceso.

El vecino que vive detrás de nuestra casa tiene un perro que estaba ladrando a las once y media de la noche. Acostada en mi cama, trataba de convencerme de que ese ladrido acabaría pronto. Sin embargo, no fue así. No terminaba.

De modo que le di la vuelta a nuestra manzana y golpeé su puerta.

Una mujer de mediana edad que no hablaba inglés vino a atenderme. Despertó a su hija de trece años para que le tradujera.

«¿No se da cuenta de que su perro está ladrando sin parar en el jardín?», le pregunté exasperada. «¡Es casi medianoche! Por favor, hágalo entrar a la casa».

La hija le tradujo lo que yo dije.

«Le tenemos miedo al perro», respondió la jovencita. Su madre asintió con la cabeza.

«¿Qué? ¿Cómo pueden tenerle miedo a su propio perro?», respondí de manera arrogante.

El Espíritu Santo me habló de inmediato. «Tú le tenías miedo a tu perro que estaba creciendo». Era cierto.

No les dije nada en ese momento. Me marché. El perro al final dejó de ladrar. Resultó que ellas llamaron a un familiar que vino y valientemente metió al perro adentro.

Al día siguiente, mientras seguía pensando en el incidente, Dios suavizó mi corazón. Ellas no eran estúpidas por tenerle miedo al perro, aun si era más de la medianoche. No había nada que pudieran hacer. Yo estaba equivocada por comunicarme en la forma en que lo había hecho y tratarlas como si fueran estúpidas. Sabía lo que tenía que hacer.

Regresé a su casa al día siguiente y me disculpé.

Esto surgió como resultado de prestarle atención a mi reacción y ser sincera con lo que de veras estaba sucediendo en mi corazón.

Dios no me pidió que muriera al enojo sano que me levantó de la cama a fin de afirmar mis límites. Sin embargo, tenía que ser sincera con lo demás que estaba ocurriendo en mi corazón: juzgar a otros. Mi actitud de superioridad hacia ellas por tenerle miedo al perro, considerando que yo misma una vez le había tenido miedo a mi perro, constituyó el pináculo de la hipocresía.

Cuando no somos francos e intencionales en cuanto a conocer nuestros corazones, nos pasamos por alto increíbles oportunidades de trasformación.

Conoce *tu historia*

En nuestros jóvenes años formativos somos como cemento fresco en el cual nuestras familias dejan huellas inconscientes muy profundas. Esas huellas al final se solidifican y no se pueden cambiar fácilmente. Solo cuando crecemos nos damos cuenta de la profundidad de su influencia.

Mi familia me brindó muchos legados positivos por los cuales estoy muy agradecida, entre ellos la importancia de la familia, la fe en Dios y la sensibilidad hacia los pobres. Por desdicha, también heredé algunos legados negativos. Por ejemplo, aprendí formas no tan sanas de lidiar con el conflicto y a evitar las emociones desagradables. Esta herencia continuó hasta mi vida adulta y afectó de forma negativa mi matrimonio, mi maternidad y mis otras relaciones.

Si decimos que pertenecemos a la familia de Cristo, pero continuamos perpetuando formas de vida insanas aprendidas en nuestros años pasados, nos estamos engañando. Hábitos como el sarcasmo, mantenerse a la defensiva, el perfeccionismo, la venganza, la amargura, juzgar a los demás y negarse a perdonar no pertenecen a la familia de Jesús. Debemos explorar nuestras historias de cerca para aferrarnos a lo bueno y con valentía admitir y cambiar lo que no lo es. Solo entonces estaremos muriendo a las cosas correctas.

> *Si decimos que pertenecemos a la familia de Cristo, pero continuamos perpetuando formas de vida insanas aprendidas en nuestros años pasados, nos estamos engañando.*

Además de reflexionar sobre los legados que nos dejaron nuestras familias, también es importante considerar a otras personas significativas que nos formaron, como entrenadores, mentores, pastores o maestros. Tal vez un entrenador le enfatizaba a un atleta estrella: «Ganar lo es todo». Ahora como adulto no puede aceptar los contratiempos, fracasos y decepciones sin condenarse como un completo fracaso en cada área de su vida. Cuando los mensajes que recibimos violan los límites de nuestra humanidad, confundimos lo que significa morir y seguir a Cristo.

También resulta crucial considerar tu historia espiritual. Por ejemplo, he sido formada —tanto positiva como negativamente— por mi cristianismo evangélico. En cuanto a lo positivo, he aprendido sobre el gozo de una relación personal con Jesús, la gracia del evangelio, el amor por la Palabra, el sentir de Dios por el mundo y el poder del Espíritu Santo. En cuanto a lo negativo, he descubierto algunas cosas a las que preciso morir: ir más allá de mis límites, pasar por alto mis debilidades, evitar las emociones difíciles como el enojo, la tristeza y el temor, juzgar la senda espiritual de otros y no admitir mi quebranto[7].

Cuando reflexionas sobre tu historia, ¿cuál es el mensaje de vida que recibiste de tu madre? ¿De tu padre? ¿De una maestra? ¿De un entrenador? ¿De la persona que te cuidaba? Considera entonces lo que Dios dice de esos mensajes. ¿Cómo estar atenta a eso te ayuda a saber si son cosas a las que debes morir o no?

Conoce *tu personalidad*

¿Quién eres en realidad? ¿Qué te da vida? ¿Qué te la quita? ¿Cuáles son tus mecanismos de defensa? ¿Cuándo te vuelves autoprotectora? ¿Qué despierta tus fantasías o te vuelve loca? Muchos de nosotros creemos que sabemos quiénes somos, pero no es verdad. Los test de la personalidad casi nunca mienten y dan una información bastante precisa sobre nuestra naturaleza, la cual profundiza el conocimiento que tenemos de nosotros mismos. Las indicaciones que recibimos de esos test pueden poner muy bien de manifiesto a lo que tenemos o no tenemos que morir.

Aparentemente, existen tantos test de la personalidad como diferentes personalidades[8]. Cualquiera sea el que lleves a cabo o el tipo con el que más te identifiques, hay dos factores de particular importancia con respecto a conocer tu personalidad: determinar si eres introvertida o extrovertida y comprender aquello con lo que te ves tentada a reemplazar el amor de Dios en un esfuerzo por asegurar tu valor personal.

¿Eres introvertida o extrovertida? La introversión y extroversión tienen que ver con lo que te energiza. Los extrovertidos reciben su energía del mundo exterior y al estar con la gente. Los introvertidos se energizan con su mundo interior y al estar solos. Siempre había creído que era extrovertida, ya que tengo fuertes habilidades con mis semejantes, disfruto conociendo a gente nueva y me encanta estar con grupos de personas. Sin embargo, nunca olvidaré la primera vez que me hice un test de la personalidad y descubrí que solo era una extrovertida moderada con inclinación a introvertida. Estaba sorprendida, pero también me sentí liberada. Tal resultado me aclaró los sentimientos de fatiga y depresión que tan a menudo seguían a las incesantes temporadas de actividades con mucha gente. Eso incluía los años de preescolar de nuestras cuatro hijas, durante los cuales no creaba un espacio de tiempo para estar a solas. Rebosaba de alegría cuando validaba y reafirmaba el deseo de mi corazón, que era la soledad y el silencio.

Según llegué a darme cuenta, mi energía y creatividad venían en iguales cantidades al estar con gente o al permanecer sola. Esto me dio el ímpetu necesario para reorganizar mi vida en torno a mayores periodos de tiempo a solas, dándole a mi alma el reabastecimiento que necesitaba.

¿Cuál es la fuente de tu valor y autoestima? Esto se refiere a cómo experimentas el amor y la aceptación, además de lo que te brinda un sentido de poder. He aquí dos preguntas que te ayudarán a captar tu fuente de valor y autoestima: ¿En qué confías para hallar tu sentido de importancia y significado? ¿Y qué temores centrales motivan tu comportamiento? Para mí, hacer las cosas bien es extremadamente importante. No se trata de algo malo hasta que se transforma en una compulsión o dependo de ello en vez de depender del amor de Cristo para afianzar mi valor y autoestima. Tal cosa puede llevarme a un perfeccionismo enfermizo que daña a las personas que amo.

> *¿Cuál es la fuente de tu valor y autoestima?*

Aunque hay disponibles varios test de la personalidad, creo que el Eneagrama nos ofrece una herramienta más poderosa como seguidores de Cristo. El mismo identifica las tendencias de pecado de nueve tipos básicos de personalidad, cada uno numerado sencillamente como Uno, Dos, Tres, etc. Por medio de él identificamos ese pecado principal o tentación que informa y motiva nuestra conducta y perspectiva en la vida. Entonces somos más capaces de morir a las partes pecaminosas de nuestra personalidad y vivir basándonos en nuestros dones y la singularidad dada por Dios. Con esta conciencia, podemos empezar librarnos del pecado de poner nuestro valor y autoestima en algo o alguien aparte de Dios[9].

Al recorrer los nueve tipos de personalidades del Eneagrama en la columna izquierda del cuadro de las páginas 72-76, considera cuál es la que mejor te describe. Luego, en una actitud de oración, medita sobre el remedio correspondiente en la columna derecha.

Eneagrama[10]

Los nueve tipos de personalidades del eneagrama	A lo que debemos morir para que Cristo sea nuestra fuente de valor y autoestima
Uno. *El perfeccionista (La necesidad de hacer todo bien). Los Unos se motivan por la necesidad de vivir la vida de la manera correcta, mejorarse ellos mismos y los demás, y evitar el enojo. Son autodisciplinados, trabajan duro y actúan de forma responsable. Están conscientes del deber, el orden y la mejoraría del mundo.*	*Muere a tu perfeccionismo. Con Cristo como tu fuente, no tienes que ser perfecta o siempre hacer todo bien. Puedes perdonarte y perdonar a otros por sus errores. Está bien relajarse y disfrutar. Eres digna de pedir lo que quieres y necesitas. Ten cuidado de no volverte áspera o juzgar a los demás cuando no cumplen con tus expectativas.*
Dos. *El dador (La necesidad de ser necesitado). Los Dos se motivan por la necesidad de ser amados y apreciados y de evitar ser vistos como que necesitan algo. Son generosos, cálidos y humanitarios. Sin embargo, les cuesta decir que no y rara vez hacen cosas para sí mismos por temor a ser egoístas.*	*Muere a tu necesidad de rescatar a los demás. Salvar al mundo es una tarea de Dios, no tuya. Muere a tu necesidad de que otros te validen y digan que eres buena. Muere al pecado del orgullo al pensar que eres indispensable. Ten cuidado de no perderte mientras intentas cuidar a los demás. Mantente atenta a la tentación de la manipulación o la posesión de los demás. No tienes que dar para ser amada.*

Los nueve tipos de personalidades del eneagrama	A lo que debemos morir para que Cristo sea nuestra fuente de valor y autoestima
Tres. *El triunfador (La necesidad de tener éxito).* Los Tres son motivados por la necesidad de ser productivos, alcanzar el éxito y evitar el fracaso. Son generosos, responsables y respetados por los demás. Son competentes y trabajadores, orientados hacia la meta y buenos proveedores.	*Muere a tu necesidad de obtener tu sentido de la vida y tu autoestima a partir de tus éxitos y el temor a cometer errores. Acógete el ritmo de Dios de descansar a la vez que trabajas. Pasa tiempo con amigos y familiares. Mantente atenta a las altas expectativas que se convierten en un perfeccionismo enfermizo o un comportamiento áspero. Gracias al amor de Jesús, puedes correr el riesgo de ser vulnerable y débil.*
Cuatro. *El romántico (La necesidad de ser especial).* Los Cuatro son motivados por la necesidad de entender sus sentimientos a un nivel más profundo y establecer conexiones afectuosas con los demás. Tienen una imaginación y creatividad muy activa. Están en la búsqueda constante del significado de la vida y desean evitar parecer comunes y corrientes.	*Muere a tu necesidad de ser extraordinaria. Cuidado con la tendencia a ser envidiosa o caer en el ensimismamiento o el desprecio o la vergüenza por ti misma. Reflexiona y no hagas todo basándote en los sentimientos. Relájate y disfruta el momento. Eres una hija de Dios única, hermosa y amada, completamente aceptada por él.*

Los nueve tipos de personalidades del eneagrama	A lo que debemos morir para que Cristo sea nuestra fuente de valor y autoestima
Cinco. *El observador (La necesidad de saber). Los Cinco se motivan por la necesidad de saberlo todo y entender el universo; eso les da un sentido de seguridad. Evitan ser dependientes de los demás, prefiriendo incluso mantenerse emocionalmente desconectados.*	*Muere a tu necesidad de liberarte de los demás. Cuando estás en un grupo, mantente atenta a la necesidad de demostrar que sabes algo. Haz que los demás sepan que son importantes para ti. Dios es la fuente de tu seguridad y tu descanso, no tu conocimiento. Está bien cometer errores y no ser la más inteligente del grupo.*
Seis. *El obediente (La necesidad de seguridad/ certeza). Los Seis se motivan por la necesidad de seguridad, orden y certeza. Les gusta recibir aprobación y ser cuidados por otros. Son muy leales y quieren evitar ser vistos como rebeldes.*	*Muere al deseo de recibir la aprobación de los demás y al temor a lo desconocido. Puedes confiar en que Dios no cambia y depender de él. Ten cuidado de ser rígida, juzgar a los otros, estar a la defensiva y mostrarte controladora. Desarrolla una relación amorosa e íntima con Jesucristo y los que te rodean.*

Los nueve tipos de personalidades del eneagrama	A lo que debemos morir para que Cristo sea nuestra fuente de valor y autoestima
Siete. *El aventurero (La necesidad de disfrutar de la vida)*. Los Siete son motivados por la necesidad de ser felices y disfrutar de la vida. El entusiasmo, el idealismo, el optimismo y el gozo irradian de ellos mientras buscan contribuir al mundo. Tratan de evitar el sufrimiento y el dolor.	*Muere a tu evasión del sufrimiento, el dolor y la pérdida. Abraza la pérdida como una parte integral de tu camino espiritual con Cristo. Acepta que la vida a veces es tan dura como bella, y que el gozo a menudo se ve nublado por la tristeza. Recuerda que «todo tiene su momento oportuno; hay un tiempo para todo lo que se hace bajo el cielo [...] un tiempo para llorar, y un tiempo para reír» (Eclesiastés 3:1, 4) Tu valor y dignidad descansan solamente en Cristo, no en sentirte feliz.*
Ocho. *El contradictorio (La necesidad de estar en contra)*. Los Ocho son motivados por la necesidad de estar en contra de algo, levantándose por la verdad y la justicia. A veces buscan o crean el conflicto. Son confiados en sí mismos y fuertes, deseando causar un impacto en el mundo. Evitan parecer débiles.	*Muere a tu confianza en ti misma y tu necesidad de mostrarte fuerte y poderosa. Abraza la debilidad y la vulnerabilidad, en especial los aspectos de ti misma que son más suaves y tiernos. Trabaja para que los demás sientan que eres más accesible. Las relaciones afectuosas son más importantes que ganar debates o discusiones.*

Los nueve tipos de personalidades del eneagrama	A lo que debemos morir para que Cristo sea nuestra fuente de valor y autoestima
Nueve. *El pacificador (La necesidad de evitar el conflicto). Los Nueve son motivados por la necesidad de mantener la paz y evitar el conflicto. Les gusta mantenerse en un segundo plano y no ser especiales. Son despreocupados y no llaman la atención hacia sí mismos.*	*Muere a tus deseos de apaciguar y ceder ante los demás. Recuerda que Cristo trastornó la falsa paz para traer paz verdadera. Expresa tus opiniones y sentimientos. Has recibido una vida con talentos y dones que son importantes para compartir. Como Jesús es tu fuente y tu seguridad, puedes avanzar confiadamente y con determinación.*

El Eneagrama es útil para señalar nuestras raíces de pecado y actitudes erradas, haciéndonos entender tanto nuestros dones como nuestras tendencias primarias al pecado. El mismo saca a la luz los mecanismos de defensa que a menudo desarrollamos en nuestras situaciones familiares y circunstancias personales. Lo más importante de todo es que el Eneagrama expone aspectos de nuestra personalidad que nos separan de Dios, los demás y nosotros mismos.

Lo que me gusta del Eneagrama como herramienta es la forma en que distingue nuestro verdadero yo del «falso yo» protector que proyectamos sobre los demás. Dedica de quince a treinta minutos para orar y releer el cuadro anterior. ¿Qué número es el que mejor se aplica a ti? Siéntate con alguien que te conozca bien durante la próxima semana y comparte todo esto con esa persona. Pídele su opinión. No trates de averiguar lo que son los demás. Eso solo puede hacerlo la persona por sí misma. Quizás quieras comprar un libro sobre el Eneagrama, explorar recursos en la red o asistir a algún taller a fin de conocer mejor esta herramienta tan rica.

Cuando dejamos de morir a las cosas incorrectas e iniciamos el camino para conocer nuestros corazones, historias y personalidades, revivimos a nuestro verdadero yo en Cristo. Como parte de ese proceso reconocemos y afirmamos todo el espectro de las emociones humanas, aun las que se consideran malas. Abrazamos toda nuestra humanidad, comprendiendo que mientras más ignoramos o suprimimos ciertas emociones, más somos controladas por ellas. Esto nos lleva al siguiente capítulo, que trata sobre el enojo, la tristeza y el temor.

4

DEJA DE NEGAR EL ENOJO, LA TRISTEZA Y EL TEMOR

Transcurría un caluroso fin de semana del 4 de julio y nos encontrábamos en nuestros primeros años de establecer la Iglesia Nueva Vida.

«Oye, Geri, en realidad es importante que aprovechemos este hermoso clima. El parque va a estar rebosando de gente», comenzó a decir Pete. Yo ya sabía lo que seguía. «Así que voy a llevar un grupo de gente de la iglesia. Creo que será grandioso hablar de Jesús y hacer que las personas sepa de nuestra iglesia», añadió con emoción, casi como si yo no estuviera en la sala.

«Bueno, supongo que puedo llevar a María y a Christy a pasear por allí», respondí con desánimo. Nuestras niñas tenían solo uno y dos años en ese momento. Aunque hice la sugerencia, sabía que no iba a ser una buena idea, ya que las niñas tenían diferentes horarios para dormir su siesta. Mi dilema era claro: Pagaría un precio si iba al parque con Pete, y también pagaría un precio si me quedaba en casa.

Pete permaneció en silencio, así que respondí por él: «No, no será buena idea. Nos quedaremos en casa y veremos qué haremos durante el día. Vayan ustedes».

«Muy bien», indicó sin dudarlo. Para Pete se trataba solo de otro día de trabajo.

Para mí, el 4 de julio era un día especial en el que las personas se divertían, disfrutaban de la familia, la playa, los amigos y las parrilladas. Era un día feriado, no uno laborable. Pete no debía trabajar ese día, pero eligió hacerlo. Y yo lo acepté.

Me quedé en Queens, en nuestro departamento del segundo piso, sin ningún acceso a un jardín o parque. Ahora estaba encerrada entre cuatro paredes mientras mis dos hijas dormían.

«Aquí estoy en este apartamento caluroso y solitario con dos niñas pequeñas mientras todo el mundo está allá afuera celebrando el día feriado», me quejé a nadie en particular.

La tristeza me envolvía a medida que el aroma de los asados de los vecinos entraba por la ventana del departamento. En todo lo que podía pensar era en mi familia en la playa, nadando y comiendo una deliciosa parrillada mientras que yo estaba confinada en nuestro pequeño departamento.

Decidí llamar a casa.

—¡Hola papá! ¿Cómo están las olas en la playa? —pregunté.

—Ah, el agua está hermosa y las olas se ven geniales. ¡Todos están en la playa! Yo soy el único que se quedó en casa por ahora. ¡Cómo nos gustaría que tú, Pete y las niñas estuvieran aquí!

Hice un esfuerzo por contener las lágrimas.

—¿Cómo estás tú? —me preguntó.

Negué la tristeza. Ignoré la herida. Reprimí el enojo.

—Estoy en casa con las niñas. Hoy es un día laborable para Pete. Está en el parque entregando folletos de la iglesia.

El enojo y la tristeza, según pensaba, no eran sentimientos aceptables para una buena cristiana, en especial una buena cristiana esposa de pastor.

Cuando Pete regresó esa noche, le pregunté cómo les había ido, pero en realidad no me importaba. Le escondí mis verdaderos sentimientos, incluso los oculté de mí misma.

Seguimos como si nada hubiera ocurrido.

Emociones prohibidas, gente limitada

El 4 de julio fue simplemente una de esas muchas veces que negué una parte muy humana de mí, mis verdaderos sentimientos. Creía que esos sentimientos no eran buenos y que tenerlos me harían una mala persona.

Sin darme cuenta de lo que estaba haciendo, me hablaba acerca de ellos: «No reconozcas esos sentimientos. No son reales. Al final desaparecerán si los ignoras».

Siempre había sido bastante fácil para mí expresar emoción y entusiasmo de una forma sincera. Con todo, las emociones complicadas como el enojo, la tristeza y el temor resultaban más difíciles de manejar. Me sentía culpable y avergonzada de sentirlas.

La manera en que reaccionamos ante ciertas emociones está directamente relacionada con la forma en que estas se manejaban en nuestra familia de origen. Si tus padres o quienes te criaron limitaban sus posibilidades de pensamientos y sentimientos, naturalmente tus posibilidades, deseos y emociones aceptables también se verán restringidos.

Los niños a los que no se les permite expresar ciertas emociones, con el correr del tiempo, llegan a la siguiente conclusión: «¿Por qué sentir eso después de todo?». Reglas tácitas como «una buena niña siempre sonríe en la iglesia» o «una persona amable nunca está tensa ni sufre de una depresión inexplicable» crean barreras reales que sofocan la autenticidad y la espontaneidad en las relaciones.

> *La manera en que reaccionamos ante ciertas emociones está directamente relacionada con la forma en que estas se manejaban en nuestra familia de origen.*

Por desdicha, muchas iglesias refuerzan este abordaje paralizante, perpetuando un estilo de vida en el cual lidiamos con sentimientos angustiantes de maneras confusas y que nos somos capaces de distinguir. En realidad, la mayoría de los cristianos que conozco hoy en día se sienten poco espirituales al intentar poner en claro la fuente de sus sentimientos.

Cuando era una joven cristiana, la enseñanza bíblica que recibí enfatizaba el gozo, el hecho de vencer obstáculos y ser fuertes en Cristo. El enojo y la tristeza se reconocían en el contexto de juzgar u orar por los que «luchaban» con esas emociones complicadas. Aprendí que se suponía que debía regocijarme aun si estaba triste o enfadada. En efecto no debía contar mis temores, ya que la Biblia estaba llena de mandatos a no temer. Esos sentimientos eran prácticamente sinónimos de pecado. Imaginábamos, o esperábamos, que reprimiéndolos e ignorándolos de algún modo desaparecerían.

¿Cómo puede conocernos el mundo cuando no nos conocemos verdaderamente a nosotros mismos o a los demás?

Esta comprensión superficial e incompleta de la visión de las Escrituras sobre nuestra humanidad casi me destruye. Cuando menos, atrofió severamente mi crecimiento espiritual y mi habilidad de amar bien.

Esta visión trágica también erosiona toda posibilidad de desarrollar una comunidad cristiana auténtica. Construimos muros de separación y no nos podemos ver bien unos a otros. Le tememos a la vulnerabilidad y mentimos acerca de lo que sucede en nuestro interior.

En vez de invitar a las personas a estar más plenamente vivas, de forma inconsciente creamos una subcultura religiosa que coarta y priva a la gente de experimentar todas las etapas de su humanidad según les fue dada por Dios. Desdeñamos la noción de que el mundo conocerá a Jesús mediante el amor que tengamos los unos por los otros (Juan 13:34-35). ¿Cómo puede conocernos el mundo cuando no nos conocemos verdaderamente a nosotros mismos o a los demás?

Ignorancia emocional

Joan trabaja medio día, cría a sus dos hijos de catorce y doce años, y lidera un grupo de madres en su iglesia. Trabaja mucho para crecer en Cristo y cuidarse ella misma. Sam, su esposo, es un ingeniero civil muy inteligente y está orgulloso de su pensamiento lógico.

Joan está sola en el matrimonio. Su desdicha está aumentando cada año, pero tiene temor de admitirlo para sí misma, mucho menos ante su esposo. Sam racionaliza su distancia y negatividad hacia él. Trata de perderse en su trabajo y como entrenador del equipo de fútbol de sus hijos.

Por fuera Sam y Joan son una familia cristiana ejemplar. Por dentro, y a puertas cerradas, permanecen varados en una guerra fría que va en aumento.

Ambos son emocionalmente ignorantes. Esto resulta bastante común para los que recibimos un entrenamiento inicial de distanciarnos de ciertos sentimientos, en especial de aquellos que tienen que ver con la vulnerabilidad, la deficiencia y la debilidad.

Joan se esfuerza por dar la impresión de ser una mujer que tiene todo bajo control en el nombre de Cristo, tanto a sus vecinos como a su familia extendida. No obstante, su enojo y tristeza se filtran en las formas del sarcasmo, la depresión moderada y el espíritu crítico. Ella sigue muy ocupada en la iglesia y con sus hijos. Sam no siente gran necesidad de atender la tensión siempre y cuando las cosas continúen estables en su casa.

¿Qué se precisaría para que Joan y Sam rompieran su fingimiento y reconocieran lo que en verdad está ocurriendo? ¿Qué calmaría sus temores y les daría el valor para avanzar con sinceridad?

Hay muchas formas de responder a esas preguntas, pero una cosa es cierta: ella tendrá que dejar de negar su enojo, tristeza y dolor. Su franqueza será esencial para el futuro de su matrimonio y su familia.

¿Cómo sería para Joan —y para ti— espiar debajo de la superficie? ¿Qué ocurriría si en verdad reconocieras tu enojo, tristeza y temor? ¿Cómo podría eso impactar tu relación con Cristo y los que te rodean?

Una cosa ciertamente no sobrevive a tal escrutinio: la espiritualidad fingida. Sin embargo, una relación más profunda y poderosa con Cristo, nosotros mismos y los demás ahora se vuelve una posibilidad muy real. Sin embargo, debemos continuar dando valientes pasos de fe. Debemos abrazar todo el espectro de nuestras emociones, incluyendo las difíciles y a veces prohibidas, como el enojo, la tristeza y el temor.

Enojo

La mayor parte de mi vida he estado confundida con respecto al enojo. Cuando era niña culpaba a los demás abiertamente. Me quejaba y luego me retiraba. No obstante, como una cristiana adulta, traté de suprimirlo porque creía que todo tipo de enojo era malo. Con todo...

- Estaba enojada con Pete.

- Estaba enojada con la gente de mi iglesia.

- Estaba enojada con mis vecinos.

- Estaba enojada con mis circunstancias difíciles.

- Estaba enojada con mis hijos.

- Estaba enojada con la pobreza y la necesidad que me rodeaban.

- Estaba enojada con Dios por mi vida difícil.

- Estaba enojada conmigo misma.

- Estaba enojada con la ciudad de Nueva York y las multas por mal estacionamiento, el tráfico, el departamento de sanidad que me despertaba todos los sábados por la mañana y el departamento de infraestructura que desmanteló despiadadamente nuestro vecindario, convirtiendo las viviendas de una sola familia en unidades multifamiliares.

Durante años Pete y yo estuvimos luchando sin lograr avances. Nuestro matrimonio resultaba frustrante y espiritualmente habíamos llegado a un tope. El cristianismo que nos había moldeado hasta ese punto ya no estaba logrando su cometido. Asustados, confundidos y desesperados, le abrimos nuestros corazones a un respetado consejero cristiano.

Al final de las dos horas, el consejero se dirigió a mí y me dijo con calma:

—Geri, estás llena de enojo.

Yo estaba incrédula. Y Pete también.

—¿Geri? No lo creo… —me defendió Pete algo nervioso.

—¿De veras? No lo veo así —respondí yo finalmente.

Estaba tan inconsciente de mi enojo que me llevó dos años más poder comenzar a entender lo que estaba diciendo el consejero. Como no admitía que me sentía enojada, creía que no lo estaba. Era obvio que el consejero podía observarlo en mis demostraciones no verbales, mi tono de voz, el sarcasmo y mi lenguaje corporal.

Al igual que muchos seguidores de Cristo, no creía que tuviera permiso para enojarme. Esto a la larga me dejó sintiéndome impotente, de modo que encontré otras salidas para mi enojo. Me quejaba. Culpaba. Criticaba. Me defendía. Estas salidas me daban una falsa sensación de poder.

¿Cómo manejas el enojo? ¿Cómo se expresaba este sentimiento en tu familia mientras estabas creciendo? ¿Qué palabras o frases usarías para describirlo? ¿Qué sucedía cuando tus padres se sentían enojados? ¿Cómo expresabas tu enojo hacia un hermano o hermana? ¿Y hacia tus padres? Cuando viste cómo se expresaba el enojo en tu hogar, ¿qué decisiones tomaste al respecto? ¿Qué ocurre en ti cuando estás cerca de alguien enojado? Cuándo te enojas ahora como adulta, ¿cómo lo expresas?

No tenía idea de que el enojo podía usarse de una manera saludable para reafirmarse uno mismo y servir a los demás. Tampoco me había dado cuenta de que tenía la responsabilidad delante de Dios de procesar mi enojo, pensar en él y reaccionar apropiadamente. Cuando finalmente dejé la mentira de que los verdaderos cristianos no se enojan, atravesé una puerta que cambió mi vida.

> *Cuando finalmente dejé la mentira de que los verdaderos cristianos no se enojan, atravesé una puerta que cambió mi vida.*

Un consejo para todos los que tienen dificultad en saber cuándo están enojados es observar tu cuerpo más de cerca. A menudo te mostrará lo que está sucediendo antes que tu cerebro llegue a captarlo. Quizás notes que tu corazón late más rápido, tu pulso se acelera, o tu cuello, estómago, hombros y espalda se ponen rígidos. Tal vez pierdas el apetito, te vuelvas irritable, tengas dolores de cabeza o insomnio.

El enojo es un tema vital y central del discipulado para cada cristiano. Es una señal con muchos mensajes potenciales de Dios para nosotros y una luz de advertencia en el tablero de la vida, la cual nos invita a detenernos y prestarle atención a nuestro motor interior. Y, créase o no, el enojo a menudo trae regalos. A través de él, Dios puede ayudarnos a descubrir lo que en realidad queremos, nos hace prestar atención a emociones aun más profundas, nos ayuda a identificar expectativas no cumplidas y, a veces, a ver la insensatez de nuestro pecado.

El enojo puede ser una herramienta para clarificar valores

Mi enojo por nuestro estilo de vida tan activo fue el ímpetu que me permitió clarificar la clase de matrimonio, familia y ministerio que quería —y no quería— tener.

El enojo nos ayuda a saber en qué momento estamos cruzando nuestros límites personales. Cuando esto ocurre, me obliga a preguntarme: «¿Qué está siendo violado que es tan importante para mí?». Si una de mis hijas le dice a la otra: «Ese es un comentario estúpido», mi valor por una familia que respeta los pensamientos y sentimientos de los demás está siendo violado. Si Pete trabaja noche y día y no está disponible emocionalmente, mi valor por la prioridad de tiempo y energía necesarios para un matrimonio saludable está siendo violado. Cuando se nos falta el respeto, cuando mucho de nosotros se está comprometiendo en una relación, cuando somos presionados a hacer más de lo que queremos hacer, o cuando decimos que sí en el momento que en realidad queremos decir que no, nuestros valores o creencias están siendo violados. Es tiempo de detenernos y reflexionar.

El enojo puede ser una señal de otras emociones más profundas

Cuando estés enojada, pregúntate: «¿De qué tengo miedo? ¿Estoy herida?».

Se ha dicho que el enojo es un «sentimiento secundario». A menudo coexiste con otros sentimientos como las heridas, la tristeza, el temor, la desilusión y la vergüenza. Por esta razón, explorar esas otras emociones más profundas y vulnerables resulta esencial para procesar la ira de forma madura.

Cuando estés enojada, es importante preguntarte: «¿De qué tengo miedo? ¿Estoy herida? ¿Triste? ¿Desilusionada? ¿Qué hay en verdad detrás del enojo?». Siempre que alguien me critica, me enojo. Mi instinto inmediato es ponerme a la defensiva. Sin embargo, cuando medito sobre lo que yace detrás de mi enojo, es el temor a la ineptitud. No estoy segura de ser lo suficiente buena. Cuando Pete hace poco descubrió que uno de sus sobrinos se casó y su hermano no lo llamó para contarle, se enojó mucho. No obstante, después se dio cuenta de que detrás de ese enojo había una profunda tristeza por la falta de cercanía con su familia.

La mayoría de las personas se sienten menos vulnerables al expresar sentimientos de enojo que al expresar dolor o temor. Por ejemplo, una persona puede estar enojada con un amigo por haber olvidado su cumpleaños, pero lo que en realidad yace detrás del enojo es el dolor. Otra persona puede estar enojada con su iglesia por no organizar suficientes eventos sociales para solteros de más de treinta años, solo para descubrir que su enojo en realidad está encubriendo un temor a quedarse solo.

El enojo puede ser un indicativo de expectativas no alcanzadas

La próxima vez que estés enojada, pregúntate: «¿Qué estaba esperando?».

Las expectativas no alcanzadas o confusas en las relaciones —ya sean familiares, laborales, escolares, con los amigos, los novios o las iglesias— son fuente de mucho enojo. Esperamos que los demás sepan lo que queremos antes de que esté claro en nuestras propias mentes y lo expresemos. Piensa en cómo te sientes cuando alguien está enojado contigo porque no cumpliste con sus expectativas, pero nunca te las comunicó. Ellos simplemente suponen que debes saberlo. El problema es que tenemos expectativas inconscientes (ni siquiera nosotros nos damos cuenta de ellas), irreales (poseemos ilusiones), no declaradas (están presente solo en nuestra mente) y sobre las cuales no hubo un acuerdo (la otra persona nunca dijo que sí).

Por ejemplo, te puedes enojar porque tu grupo pequeño nunca socializa fuera del tiempo normal de reunión. Tenías una expectativa, pero nunca se la comunicaste al líder del grupo. Puedes estar enojada con tu esposo por no llamarte cada día desde su trabajo. Creías que simplemente debía llamarte, pero nunca le pediste que lo hiciera. Recuerdo haberme enojado con mis hijas porque dejaban los zapatos en el pórtico de nuestra casa todos los días después de la escuela. Mi enojo se debía a mi propia presunción defectuosa de que ellas simplemente debían saber que tenían que ponerlos en el ropero de la entrada, aunque nunca se los había dicho antes. Nunca verbalicé esa expectativa. No obstante, sí grité.

Cuando entiendes que no tienes derecho a muchas de tus expectativas porque no las has declarado o no has logrado un acuerdo, verás que cargas con mucho menos enojo.

El enojo puede ser un pecado

El enojo puede revelar mezquindad, arrogancia, odio, envidia o deseos de herir a otro. Préstale atención a todo comentario sarcástico o mordaz que hagas. Presta atención si descubres que evitas a una persona. Puedes estar celosa de la promoción de alguien en el trabajo. Tu enojo puede ser resultado de tu ansiedad y proyección. Cuando estás enojada por algo y luego le achacas la culpa de tu enfado a alguien que no tiene nada que ver, eso es pecado.

Dado que el enojo es una emoción tan compleja, he descubierto que es útil hacerme las siguientes preguntas para ayudarme a procesarlo antes de dar cualquier paso: ¿Es esto un caso de culpa trasladada por la cual debo responsabilizarme? ¿Mi enojo es justificable o proviene de lo peor de mí? ¿Hay alguien a quien debo pedirle perdón porque lo he lastimado con mi enojo?

Aristóteles dijo con mucho atino: «Todos pueden estar enojados, eso es sencillo […] pero estar enojados con la persona correcta, al grado exacto, en el tiempo preciso, por el propósito justo y en la manera adecuada […] no resulta nada fácil»[1].

Es fácil estar enojados y no responsabilizarnos por el asunto. Reconocer el enojo para poder procesarlo correctamente y no proyectarlo sobre los demás constituye un gran paso de madurez espiritual y emocional. Al final de este capítulo, después de ver el tema de la tristeza y el temor, analizaremos tres pautas simples para procesar nuestras emociones de una forma que nos mantiene enfocadas en Dios y su voluntad.

Tristeza

Si los sentimientos pueden ser maestros enviados por Dios, quizás aquellos que conforman la familia en torno a la tristeza —la soledad, el dolor, el desánimo, la depresión, el pesimismo— sean los más grandes maestros de todos. Ellos formaron pasadizos que me guiaron a verdades ocultas acerca de mí misma y Dios, y como resultado me he vuelto una estudiante mucho más ávida de estas emociones.

Mi relación con la tristeza era tan inhumana y antibíblica como mi relación con el enojo. Cuando se despertaron los sentimientos de tristeza, rápidamente los encubrí y seguí adelante. Ellos eran inhumanos, ya que negaba el dolor que viene de vivir en un mundo caído. Me permití sentir solo las partes felices de mi vida. Y al hacerlo era, en efecto, mitad humana. Eso también me impedía identificarme con un quebranto común a todas las personas de la tierra.

El problema era que tenía mucho por lo que estar triste. Esto incluía un matrimonio en el cual cumplí la función de madre sola por los primeros ocho años. Y no podía hacer que esos años regresaran. Nuestras niñas habían crecido en un lugar donde era riesgoso andar en bicicleta. Tenían que viajar largas distancias hasta la escuela, lo cual hacía que sus amistades estuvieran alejadas de nuestro vecindario. En los algo más de veintitrés años que Pete y yo pastoreamos nuestra comunidad en la Iglesia Nueva Vida, mucha gente se mudó o se fue de la iglesia. La gente cambió; nosotros cambiamos. Las relaciones cambiaron.

Adopté una regla tácita en mi crecimiento y formación espiritual: «Estar triste significa ser débil. Y ser débil es malo». Me encantaban los versículos bíblicos como: «No estén tristes, pues el gozo del Señor es nuestra fortaleza» y «Todo lo puedo en Cristo que me fortalece» (Nehemías 8:10; Filipenses 4:13). Para mí se traducían así: «Sabes que tienes suficiente fe si estás feliz todo el tiempo, a pesar las circunstancias».

De modo que cuando me encontraba en cama debido a la depresión durante nuestro quinto año de casados, luchando para salir del lecho a fin de cuidar a dos niñas pequeñas, me sentía aturdida. Trataba de salir de la tristeza haciendo uso de mi fuerza de voluntad, pero no podía.

«Una pierna quebrada sería más fácil de arreglar que esto, sea lo que sea», me quejaba.

No podía arreglar mi espíritu quebrantado. Pete oraba. Los líderes de la iglesia oraban. Yo seguía deprimida.

Mi depresión era una señal de que debía prestarle atención a mi dolor interno, pero mi teología defectuosa se salía con la suya. Con mucho esfuerzo me deshice de esta indicación y regresé a mi despiadada lista de actividades y mi negación de la verdad acerca de mi condición emocional.

Cuando la depresión regresó al año siguiente, negué su importancia otra vez. «La depresión es hereditaria en mi familia», me aseguré. «Simplemente tendré que pelear con esto por el resto de mi vida». Creía de modo erróneo que mi tristeza persistente me estaba reteniendo. Me impedía seguir siendo la cristiana que Dios había querido que fuera. Me molestaba la debilidad de la cual no podía escapar.

Dios y nuestras pérdidas

Tendemos a ver nuestras pérdidas como extraños invasores que interrumpen nuestra vida «normal». No obstante, la pérdida es parte de la vida. La gente que amamos se muere. Las relaciones se rompen. Las puertas se cierran. Los sueños se hacen pedazos. Nos mudamos. Le decimos adiós a nuestra iglesia o comunidad. El abuso nos roba la inocencia. Logramos una meta y tenemos que despedirnos del proceso que nos llevó allí. Envejecemos y perdemos la salud. Nuestros niños crecen. En el transcurso de nuestras vidas dejaremos todo atrás.

No sabemos cómo hablar de la tristeza o la desilusión. Así que nos llenamos de ocupaciones y buscamos maneras de medicar nuestro dolor. Nos refugiamos en el centro comercial, el trabajo, la televisión, los atracones de comida, las drogas o el alcohol, las fantasías o la pornografía, los correos electrónicos y Facebook.

En muchas iglesias la regla implícita es esta: «Si te sientes triste o deprimido, no eres espiritual». Entonces la gente finge que todo está bien. El mensaje no tan sutil es que se supone que los buenos cristianos no deben sentirse heridos, confundidos o desanimados.

No obstante, la Biblia afirma la experiencia humana y la expresión de la tristeza y la angustia. Jesús, nuestro Señor y Salvador, era un hombre de quebranto, que conocía el dolor (Isaías 53:3). Él elevaba oraciones con clamor y lágrimas (Hebreos 5:7). Lo observamos en el Jardín de Getsemaní antes de ir a la cruz, luchando con la voluntad del Padre. La Biblia lo describe así: «Como estaba angustiado, se puso a orar con más fervor, y su sudor era como gotas de sangre que caían a tierra» (Lucas 22:44). Jesús, nuestro Mesías y Dios, no negó su tristeza y angustia.

David es bien conocido por ser un hombre conforme al corazón de Dios. Sin embargo, dos tercios de sus salmos constituyen lamentos o quejas. José, el favorito de Dios, no muestra vergüenza de llorar en alta voz delante de sus hermanos. Jeremías protestó ante Dios acerca de sus circunstancias al menos seis veces distintas y escribió Lamentaciones, un libro entero donde le expresa su profunda angustia a Dios por la destrucción de Jerusalén.

Las Escrituras hacen más que darnos permiso de expresar nuestra tristeza, sino que consideran que lamentar las pérdidas es vital para nuestro crecimiento espiritual. La tristeza y la pérdida representan hebras muy importantes en el tapiz de nuestra vida espiritual. Debemos lamentarnos por los padres que no estuvieron con nosotros, las relaciones que se rompieron, la falta de educación, la falta de oportunidades laborales, los divorcios, las muertes, las discapacidades, los niños con problemas, las limitaciones crónicas de salud y la esterilidad. Negar la tristeza es como tratar de negar un brazo o una pierna. Significa amputar una parte vital y necesaria de nosotros.

> *Las Escrituras [...] consideran que lamentar las pérdidas es vital para nuestro crecimiento espiritual.*

Hagamos las paces

Solía temerle a la tristeza como si fuera una enfermedad contagiosa. Ahora que me doy permiso para sentirla, el temor de ella ya no tiene de dónde agarrarse en mi vida. Ya no considero a la tristeza como mala o algo que debe evitarse; simplemente es parte de la vida.

Sentir mi propia tristeza me ha permitido ser más compasiva con la tristeza de los demás.

> *Sentir nuestra tristeza es uno de los mayores dones que tengo para ofrecer.*

Ahora estoy convencida de que este es uno de los grandes dones que tengo para ofrecer. Piénsalo. ¿Cómo puedes sentir el dolor de los demás si no has sentido el tuyo? ¿Cómo puedes ofrecer el consuelo de Jesucristo si no lo has experimentado tú misma?

No importa lo mucho que leas la Biblia, hagas buenas obras, vayas a la iglesia, sirvas a la gente o sepas acerca de Dios. Si no eres sincera en cuanto a tus verdaderos sentimientos, te quedarás atrofiada en tu crecimiento espiritual con Dios y te verás limitada en tus relaciones personales.

Cuando aceptamos todas nuestras emociones, nos protegemos de conflictos interiores innecesarios entre lo que en verdad sentimos y las voces que nos dice que no deberíamos sentirnos así. Cuando aceptamos todas nuestras emociones, comenzamos a hacer las paces con nosotras mismas.

Tienes permitido estar triste debido a las decepciones y la pérdida de personas o cosas que te interesan. Detente por unos instantes. «Guarda silencio ante el Señor» (Salmo 37:7). Deja que los sentimientos o pensamientos salgan a la superficie mientras consideras las siguientes preguntas: ¿Cuáles son algunas de las cosas que te mantienen triste? ¿Cuáles son algunas de las pérdidas que estás cargando desde el año pasado? ¿Qué dificultades o desilusiones te están impactando? ¿Cómo puede estar Dios hablando o moldeándote a través de esas cosas? Ofréceselas una por una al Señor.

Temor

«¡Pete, todavía no has terminado de lavar los platos!», remarqué con ligereza mientras cruzaba la puerta.

«Geri, ¿te diste cuenta en el tono que lo dijiste?», me hizo notar amablemente.

Él tenía razón. Me quedé callada.

En las semanas previas, Pete había comenzado a pedirme explicaciones por mi tono de voz seco y con aires de superioridad. Esto me obligó a aceptar lo asustada que estaba de reconocer mis faltas y ser vulnerable. El Espíritu Santo me habló: «Geri, estás matando a Pete con ese tono de voz. Él fue hecho a mi imagen y es terriblemente irrespetuoso ser arrogante con otro ser humano».

Tenía miedo de admitir mis errores. No me gusta que quede expuesto lo que de veras soy por dentro. Ser considerada menos que perfecta no encajaba en mi imagen de una persona buena y amorosa. Estaba asustada de quedar expuesta como una persona crítica y homicida.

Pete me hizo un regalo al confrontarme. Ese día marcó un nuevo comienzo para mí en cuanto a admitir mis temores. Me sentí muy débil y expuesta. Aun así, podía oír la voz de Dios en mi interior diciendo: «Tú eres digna de ser amada, Geri. Solo descansa en mi amor». Las buenas noticias de Jesús son que, en el evangelio, él nos ama sin condiciones. No hay nada que demostrar.

De manera sorprendente, no «morí» o «colapsé». En cambio, experimenté un tremendo alivio, incluso un sentido renovado de libertad y poder. Una cadena poderosa que me había mantenido atada toda la vida finalmente se rompió.

Examinar la raíz de nuestros temores es una tarea espiritual importante. Los temores acerca del valor, la dignidad y la condición de ser amados salen a la superficie y son cruciales para nuestra transformación con respecto al amor y la libertad que Dios anhela concedernos.

Enfrentemos nuestros temores

Tal vez el mandato que más se repite en toda la Biblia es: «No temas». ¿No parece natural entonces que reprimamos el temor? ¿El temor no es algo que somos llamados a abolir? La respuesta a ambas preguntas es sí y no.

La Biblia no dice que no tenemos que sentir temor. En realidad, las Escrituras nos mandan a examinar con cuidado las raíces de nuestros temores y ansiedades. El temor es una respuesta natural a los peligros y amenazas que percibimos. Nuestro corazón empieza a latir más rápido y el estómago se contrae. Sentimos temor cuando tenemos que realizar un examen, comenzamos un nuevo trabajo, perdemos el empleo o un automóvil dobla inesperadamente hacia nosotros en una esquina. Por desdicha, muchos de nosotros nos sentimos culpables y débiles cuando nos damos cuenta de nuestros temores, de modo que evitamos reconocerlos con la esperanza de que desaparezcan. Sin embargo, al hacer esto, les otorgamos más —no menos— poder.

Aunque hay una multitud de temores, el estudio que le llevó treinta años al investigador y psicólogo Michael Yapko identifica tres categorías generales[2]. Nos conviene ser conscientes de cuál es el que mayormente impulsa nuestro comportamiento. Los temores no sanos nos restringen y limitan de maneras poderosas, haciéndonos tomar decisiones malas y reactivas. Impactan en la forma en que criamos a nuestros hijos, nos acercamos a nuestras relaciones, elegimos quedarnos o cambiar de trabajo, y manejamos nuestro dinero.

La primera categoría se relaciona con el *temor a cometer errores*. Las personas que temen cometer errores a menudo son perfeccionistas que tienen miedo de decepcionarse a sí mismas y a los demás. Les temen a las críticas, ya sean reales o imaginarias. Ese temor los conduce a crear expectativas irrealistas de ellos y los otros.

La segunda se relaciona con el *temor al rechazo*. La gente que le teme al rechazo se rehúsa a unirse a un nuevo grupo pequeño, iniciar una conversación con un jefe o pastor, o levantar su mano en una clase para hacer una pregunta por miedo a exponerse ante otros como inadaptados de alguna manera. El mismísimo pensamiento de que otros lo juzguen orienta muchas de sus decisiones.

La tercera categoría abarca a las personas que *temen las consecuencias de relajarse*. Mantienen una postura vigilante y defensiva hacia la vida por temor de que alguien o algo las lastime. Les cuesta mucho bajar la guardia.

No debemos negar nuestros temores. En realidad, Dios nos invita a identificarlos y, con el poder de su Espíritu, atravesarlos. Las Escrituras están llenas de poderosos ejemplos de personas que vencieron sus temores.

- A la edad de ochenta años, Moisés venció su temor en cuanto a la falta de confianza en sí mismo y los sentimientos de inferioridad a fin de confrontar al Faraón.

- David avanzó a pesar de los temores de quienes lo rodeaban cuando afirmaron que no podría vencer a Goliat.

- Ester, una reina judía, venció el temor a perder su vida quebrantando un tabú social muy arraigado y acercándose a su esposo, el rey de Persia.

- José, el padre terrenal de Jesús, atravesó su temor a la vergüenza y la humillación cuando le dijo que sí a Dios y se casó con María.

Cada ejemplo bíblico nos enseña que el valor no significa falta de temor. En vez de eso, consiste en la capacidad de pensar y actuar a pesar de nuestros temores, pasando por encima de ellos debido a una visión mayor dada por Dios. Los temores no reconocidos pueden ser una fuerza poderosa que nos coarta. A menos que venzamos nuestros temores mediante la fe en Jesús, inevitablemente nos quedaremos estancados en nuestra vida espiritual, nuestro matrimonio y nuestro futuro.

¿Qué podría ocurrir si vencieras tus temores?

Imagina las posibilidades que tendrías en tu vida si supieras que puedes cometer errores, ser imperfecta, y aun así sentirte amada. ¿Qué cosas intentarías si no dependieras de tu buen desempeño para recibir amor? ¿Qué harías para Dios con tus dones y talentos si supieras que aunque falles todo estará bien? ¿Qué harías si fueras libre para decirle la verdad a los que te rodean?

Cuando finalmente admití que tenía temor de ser débil, pude vencerlo apoyándome en el amor de Dios. Escuché la voz de Dios y recibí su amor durante tiempos de silencio provocados intencionalmente y también leyendo las Escrituras. Le presté atención a lo que estaba sucediendo en mi corazón, lo cual me revelaba dónde estaba dependiendo de la aprobación de la gente a fin de reconocer mi valía y dignidad en vez de depender del amor de Dios que todo lo abarca.

> *¿Qué podría ocurrir si vencieras tus temores?*

El temor viene con el ser humano. Detente por unos momentos en la presencia de Dios. Pregúntate lo siguiente: ¿De qué tienes miedo? ¿Cuáles son tus ansiedades? ¿El dinero? ¿La seguridad? ¿Tus hijos? ¿Tu cónyuge? ¿Las relaciones? ¿El trabajo? ¿El futuro? ¿La salud? Medita en la verdad del Salmo 46:10: «Quédense quietos, reconozcan que yo soy Dios». Además de hacer esto, reúne información para asegurarte de que estás bien informada con respecto a tus temores. Eso puede incluir un chequeo médico, hablar con una persona madura sobre cómo tratar las tensiones con tu pareja, o reunirte con un consultor financiero para atender el aspecto económico. Y por último, formula un plan de acción específico de modo que puedas vencer ese temor de una vez por todas.

Tres pautas para dejar de negar el enojo, la tristeza y el temor

A continuación te presento tres pautas simples para ayudarte a procesar tus sentimientos de enojo, tristeza y temor: experimenta tus sentimientos, piensa en tus sentimientos y luego haz lo apropiado.

Experimenta tus sentimientos

Cuando se trata de sentimientos, debemos evitar los extremos. No debemos negar nuestras emociones ni tampoco permitir que manejen nuestra vida. No debemos ponerlas ni en el baúl ni en el asiento del conductor. Más bien, necesitamos cuidar de ellas para que nos sirvan a nosotros.

Sentir significa estar consciente de tus emociones y reconocerlas. Permitirte experimentarlas sin condenarte a ti mismo. Explorarlas en la presencia del Dios que te ama.

Una forma de tomar conciencia de tus sentimientos es llevando un diario personal. Esta fue una disciplina fundamental para mí cuando empecé a ejercitar mis músculos de «sentir», que habían estado dormidos por mucho tiempo. Tres o cuatro veces por semana hacía una pausa para reflexionar sobre los sentimientos que había tenido ese día. Durante ese entrenamiento en mi diario personal en cuanto a «sentir», comencé a fortalecer mi conciencia de lo que estaba experimentando en verdad. Con el tiempo, mejoré con relación a identificar mis sentimientos en el momento, así que no tenía que esperar hasta más tarde para reconocerlos y expresarlos. También sentí una mayor libertad y paz ante el desorden interior que experimentaba, porque ya no me reprimía ni menospreciaba a mí misma.

Las Escrituras nos invitan a expresar nuestros sentimientos hacia Dios: «Confía siempre en él, pueblo mío; ábrele tu corazón cuando estés ante él» (Salmo 62:8). Por desdicha, a muchos de nosotros se nos ha enseñado a no abrirle nuestro corazón a nadie. Aun la gente más cercana nos conoce solo en parte y de forma imperfecta. Sin embargo, Dios es plenamente confiable y seguro. Podemos sincerarnos por completo con él. Podemos derramar ante él nuestros corazones porque nada, absolutamente nada, puede hacer que Dios nos niegue su amor.

Una día Pete me llamó diciendo que nuestro amigo Julius había pedido una reunión a último momento. Pete me preguntó si yo tenía problemas en cuanto a que él trabajara hasta tarde esa noche. Mi cuello y hombros se tensaron, el corazón se me aceleró. No obstante, dije: «Está bien. Puedes llegar tarde a casa. La cena estará lista. No me importa». Y regresé a mis tareas cotidianas.

Más tarde ese mismo día, mientras reflexionaba y volcaba en mi diario mis sentimientos, me di cuenta de que experimentaba sensaciones prolongadas de enojo e irritación con relación al pedido de Pete y mi respuesta.

Ahora estaba lista para el segundo paso en el proceso de dejar de negar mis emociones, es decir, debía empezar a pensar en ellas.

Piensa en tus sentimientos

Cuando pensé en mi respuesta al pedido que Pete me había hecho por teléfono, me di cuenta de que le dije que sí porque no quería parecer egoísta. Entendí que no estaba mal que quisiera que estuviera en casa a tiempo. Puedo valorarme lo suficiente como para decir: «Quiero y necesito tu ayuda en la cena con nuestras cuatro hijas». También reconocí lo importante que era para mí cenar en familia todas las noches, y que este era un deseo válido que necesitaba expresarle con claridad a mi marido.

Henri Nouwen recalcó una vez que deberíamos pasar el cincuenta por ciento de nuestro tiempo viviendo y el otro cincuenta por ciento reflexionando sobre lo que hemos vivido[3]. Pensar es una habilidad dada solo a los seres humanos creados a la imagen de

Dios. Este don nos permite responder a nuestros sentimientos con la debida consideración en vez de reaccionar por impulso. Debemos experimentar nuestros sentimientos, pero no siempre debemos ir tras ellos. El escritor de Proverbios dice que «el afán sin conocimiento no vale nada; mucho yerra quien mucho corre» (Proverbios 19:2). Hablaremos más acerca de esto en el capítulo 7 en el tema del pensamiento erróneo.

Una vez que hayas identificado tus sentimientos, pregúntate: «¿Cuáles son las razones por las que me siento así?». Por ejemplo, estás ansiosa por la reunión de mañana con tu jefe. Una vez que reconociste ese temor, es posible que te preguntes: ¿Qué querrá decirme? ¿Y si me despide? ¿Y si me reduce el salario y no me alcanza para mantenerme más?

Después de pensar en lo que estás sintiendo —ya sea tristeza, enojo o temor— estás lista para el tercer paso que es hacer lo adecuado.

Haz lo adecuado

Cuando me di cuenta de que le había mentido a Pete acerca de su llegada tarde a casa, diciéndole que sí cuando en realidad no quería hacerlo, la pregunta fue: «Ahora, Geri, ¿cuál es el paso que debes dar?». Me sentía tentada a culparlo por pedirme algo tan desconsiderado. ¿Por qué no podía decirle que no a Julius, quien quería desesperadamente reunirse con él? ¿Mi esposo no entendía cómo eso me impactaba?

Me calmé y me di cuenta de que culparlo no era una buena forma de actuar. ¿Cómo podía saber él lo que estaba sucediendo dentro de mí si no se lo decía? Decidí no esperar a que regresara para tener esa conversación. Después de terminar de escribir en mi diario, lo llamé y le comenté con toda sinceridad mis verdaderos sentimientos. Sin hacerme ningún reproche, respondió simplemente: «Cariño, gracias por dejarme saber. Te veo a las seis».

Atravesé muchas luchas y angustias para procesar mis sentimientos y pensamientos con relación a este incidente. No obstante, lo que gané en términos de formación espiritual en Cristo no tiene precio. Dejé de mentir. Me valoré. Estimé mi matrimonio. Aprendí a relacionarme con Dios de nuevas maneras.

A veces la acción apropiada a seguir será clara. Dile que no a esa invitación. Vence tu temor y acepta esa oportunidad laboral. Espera antes de comprometerte con esta nueva relación.

En otras ocasiones, discernir qué es lo que hay que hacer lleva un tiempo considerable. Necesitas tiempo para reunir más información y pensar en todas las alternativas. Por ejemplo, puedes precisar algunas conversaciones importantes antes de tomar una decisión. Tal vez quieras consultar con una amiga de confianza. Tal vez necesites pasar un buen tiempo a solas con Dios. Quizás te des cuenta que debes aprender nuevas habilidades, como escuchar y hablar de una forma más madura, luchar de una manera más objetiva o equitativa, o clarificar tus expectativas.

Puedes haber estado luchando diez, veinte, treinta o cincuenta años con el enojo, la tristeza y el temor de formas que han sido tanto no bíblicas como también dañinas para tu alma. Concédete gracia y tiempo a medida que aprendes a llevar a cabo este proceso.

Dejar de negar la tristeza, el enojo y el temor te conducirá a una vida más madura y saludable en todo aspecto: emocional, física y espiritualmente. Hacerte cargo de tus sentimientos también te evitará proyectar tus emociones sobre otros de modo pernicioso. Esto naturalmente nos lleva a nuestro próximo capítulo, que trata de nuestra necesidad de dejar de culpar y responsabilizarnos por nuestra propia vida.

5

DEJA DE CULPAR

Cuando Pete y yo nos casamos, los dos nos convertimos en uno... ¡pero ese uno era él! En vez de crear espacio para que los dos nos desarrolláramos, el matrimonio creó un hoyo en el cual yo caí y desaparecí.

Era natural que me terminara perdiendo en la vida de mi esposo. Él parecía saber con más claridad lo que quería. Lo acompañé cuando Pete quiso ir de vacaciones a Nicaragua —en medio de la guerra civil— mientras me encontraba embarazada de seis meses, aunque esa no era mi idea del descanso y la diversión. Lo seguí a Nueva York a iniciar una iglesia —sin feligreses, local ni dinero— a pesar de que me preguntaba si no sería mejor esperar. Me sumergí en el ritmo de vida de un adicto al trabajo aunque me sentía cansada y cada vez más sola. Adopté la fuerte opinión de Pete de que debía quedarme en Queens con nuestros hijos durante los largos y calurosos veranos pese a que anhelaba estar con mis padres cerca de la playa en Nueva Jersey.

Al mirar atrás a las muchas formas en que yo misma había desaparecido en medio de la vida de Pete, no lo culpo. Sin embargo, por supuesto que lo culpaba en ese momento.

Aunque él tenía algunas fallas con respecto a lo que motivaba su comportamiento, no era responsable de mis decisiones. Yo era completamente responsable por permitir que él cruzara tantos de mis límites personales e ignorara mi deseo de vivir una vida distinta. Creía erróneamente que yo no tenía el poder de cambiar muchas de las situaciones frustrantes de mi vida. Así que lo mejor que podía hacer era culparlo a él y a los demás por lo me sucedía en la vida.

El juego de la culpa

Es triste admitirlo, pero culpar es algo que forma parte de nosotros. Adán culpó a Eva. Eva culpó a la serpiente. Sara culpó a Agar. Los hermanos de José lo culparon a él. Los israelitas culparon a Moisés. Moisés culpó a Dios. Saúl culpó a David.

Culpar nos conforta, al menos por un rato, dándonos la sensación de que estamos en control.

Hoy en día, cuando las cosas no salen como queremos, culpamos a nuestros padres, cónyuges, hijos, escuelas, gobierno, empresas, jefes, empleados, líderes, el clima, la inflación, el tráfico. Culpamos a los poderes diabólicos. ¡Hasta culpamos a Dios cuando las cosas andan realmente mal!

Culpar nos conforta, al menos por un rato, dándonos la impresión de que estamos en control. No obstante, en realidad logra lo contrario, quitándonos el poder personal que nos dio Dios y manteniéndonos irremediablemente atascados en nuestra inmadurez.

A continuación detallo algunos ejemplos de comentarios que demuestran cómo a veces jugamos el juego de la culpa con el fin de evitar asumir la responsabilidad por nuestra vida:

- «Me estás arruinando la vida».
- «Mi jefe hace que mi vida sea miserable. Quisiera trabajar en otro lugar».
- «La iglesia no suple mis necesidades».
- «Estoy agotada porque mi esposo no toma vacaciones».
- «Tengo tantas deudas porque no me pagan lo suficiente en mi trabajo».
- «No estoy creciendo espiritualmente debido a que la iglesia es muy inmadura».
- «Las tarjetas de crédito me están arruinando la vida».

- «Mi relación con mi novio es muy mala porque él no asiste a la consejería».

- «Es demasiado tarde para que cambie de empleo».

- «Soy una madre soltera. Seré pobre por el resto de mi vida».

- «Cada vez que visito a mis padres durante las vacaciones, ellos me estresan».

- «Nunca he sido bueno en ciencias o matemática. Tuve maestros malísimos».

Las declaraciones culposas pueden dar la impresión de indefensión. Creemos de forma equivocada que no tenemos otra opción. Sin embargo, culpar menoscaba al que culpa de una manera insidiosa. Cuando las personas desempeñan el papel de víctimas, a menudo esconden un sentido de superioridad moral con relación a los demás. Al hacerlo, no reconocen su propia responsabilidad. Vemos esto en el Jardín del Edén, cuando Adán y Eva intentaron sacar ventaja culpándose uno al otro. Los que culpan a los demás son por lo general personas enojadas y preocupadas por lo que los otros *deberían* estar haciendo en vez de enfrentar su propio malestar. Eso es más fácil —al menos a corto plazo— que tomar la difícil decisión de enfrentarlo.

Cuando seguimos permitiendo que las situaciones dolorosas continúen lastimándonos o aceptamos el dolor porque «tenemos que hacerlo», erróneamente interpretamos que nuestras vidas están fuera de nuestro control. Por ende, muy a menudo podemos terminar en la depresión.

Las siguientes son seis señales que indican que puedes estar usando la culpa para evitar la responsabilidad personal:

1. Sientes que la vida te jugó una mala pasada, que tuviste mala suerte.

2. No crees que puedas mejorar nada en tu vida.

3. Ves los sucesos negativos y las relaciones en tu vida como si estuvieran más allá de tu control.

4. Rara vez crees que estás equivocada.

5. Piensas que disculparte es un signo de debilidad.

6. Vives en el pasado en vez de mirar al futuro.

Si te encuentras culpando a otros y sintiéndote víctima, es tiempo de hacerte una pregunta importante: «¿Qué voy a hacer al respecto?». Preguntarte esto cambia el enfoque de culpar a otros a responsabilizarte por tu vida.

Hazte responsable de tu vida

Tienes opciones. Nadie más que tú es responsable por ti y tu vida.

Si tu esposo no quiere salir, puedes salir sola o con tus amigas. Si detestas conducir una hora por día para ir a trabajar, busca un nuevo empleo cerca de tu casa o múdate más cerca del trabajo. Si tus padres son personas complicadas y no quieren cambiar, eres libre para decidir los límites de *cuándo*, *cómo* o incluso *si* quieres pasar tiempo con ellos. Tal vez tu cónyuge no asiste a la terapia de pareja, pero puedes ir tú sola y comenzar a trabajar en tus propias dificultades en la relación. Puedes culpar a la compañía de la tarjeta de crédito por causarte un gran estrés llamándote varias veces al día. Sin embargo, en vez de evitarlos, podrías buscar un asesor financiero para elaborar un plan a fin de salir del pozo económico en que te encuentras, aprender a administrar el dinero y crear una estabilidad a largo plazo.

Nadie más que tú es responsable por ti y tu vida.

Cynthia ha estado casada con Jackson por dieciocho años. A lo largo de toda su vida de casados ha cocinado todas las comidas para él y sus tres hijos. «Detesto cocinar y ser la responsable de lavar todo después de la comida. No es justo», se quejaba año tras año. De modo erróneo, supuso que esa era su tarea como esposa fiel. Estaba resentida con Jackson por esto y el enojo se dejaba ver en los comentarios sarcásticos y el distanciamiento general.

Cynthia en ese entonces era parte de un grupo pequeño en la iglesia, donde comenzó a crecer y aprendió a valorarse. «Finalmente dejé de culpar a mi esposo», me dijo, «porque reconocí que era mi responsabilidad hablar y declarar mis preferencias. Tenía que estar dispuesta a perturbar la aparente paz si fuera necesario».

En realidad, el esposo de Cynthia estuvo más que dispuesto a compartir la tarea de cocinar y limpiar. Ella nunca se lo había pedido. Al final esto fue una lección de vida simple pero profunda, ya que ella pasó de culpar a hacerse responsable por sus preferencias y necesidades.

Michele cargaba con un profundo dolor por causa de una vida sexual complicada con su esposo, Bill. «Si él cambiara, todo sería maravilloso», decía. Ella oraba que Dios lo «arreglara» y modificara las cosas. Sin embargo, eso no sucedía. Un año se convirtió en cinco. Cinco años se convirtieron en diez.

«Al final, mi enojo y mi dolor se convirtieron en depresión, hasta que finalmente Dios salió a mi encuentro. Me mostró que yo era parte del problema […] y que nuestras dificultades sexuales eran un síntoma de todos los otros puntos malsanos de nuestro matrimonio».

Michele tomó la decisión de responsabilizarse por sus propios asuntos, su felicidad y su necesidad de intervención profesional. «Dios redimió el desastre en que habíamos convertido nuestra relación», relató. «Nos llevó años de valor, franqueza y trabajo arduo, así como asumir las responsabilidades de cada uno. No obstante, ahora disfrutamos una intimidad y seguridad en nuestra relación sexual que no podría haber imaginado cuando estaba implorándole a Dios que lo "arreglara"». Su esposo más tarde expresó una inmensa gratitud hacia Dios porque Michele había dejado de culparlo por sus problemas sexuales y nunca había abandonado la esperanza.

Descubre tu equipamiento personal para la libertad divina

En el gran clásico *El mago de Oz*, Dorothy, el espantapájaros, el hombre de hojalata y el león están todos buscando algo fuera de ellos mismos que los haga libres. Dorothy quiere irse a casa, el espantapájaros está buscando un cerebro, el hombre de hojalata desea un corazón y el león busca valor.

Después de un largo y frustrante viaje, finalmente llegan a su destino solo para hacer un sorprendente descubrimiento. Las cualidades que pensaban que solo el mago podía otorgarles eran, en efecto, cualidades que todos ellos ya poseían; simplemente tenían que recordar que debían dar un paso arriesgado a fin de ponerlas en uso. Después de escuchar que ya tenía un cerebro, el espantapájaros comenzó de inmediato a hacer cálculos matemáticos. El corazón latiendo del hombre de hojalata le confirmó la habilidad que tenía de amar a los demás. El león cobarde, después de recibir una medalla al valor, redescubrió su coraje. Y Dorothy se dio cuenta de que ella siempre había tenido el poder de irse a su casa; sus pruebas le enseñaron la importancia de su familia y finalmente eligió marcharse a su hogar por sus propios medios. Ninguna otra persona podría haber hecho tal cosa por ella.

De una forma muy parecida, como humanos creados a la imagen de Dios, nacimos con ciertos derechos y responsabilidades que nos permiten caminar en la libertad personal dada por Dios (Génesis 1:26-31). No necesitamos, por ejemplo, buscar a alguien que nos dé permiso para tomar decisiones, establecer límites, declarar nuestras preferencias, pensar o sentir por nosotros mismos. Esas habilidades ya son nuestras. Sin embargo, como los personajes en Oz, tenemos que hacernos responsables por lo que se nos ha conferido y hacer uso de ello. Eso incluye la libertad de responsabilizarnos por elegir la clase de vida que queremos vivir.

Herramientas para la libertad personal

Después de años de trabajar a fin de reclamar la libertad de elegir mi vida y ayudar a otros a hacer lo mismo, he desarrollado lo que yo llamo el conjunto de herramientas para la libertad personal[1]. Esta es mi adaptación y expansión de un conjunto de herramientas creado por la reconocida psicóloga Virginia Satir. Las nueve herramientas son esenciales si queremos dejar de culpar a otros y hacernos responsables por nuestras propias vidas. Cada herramienta nos recuerda un derecho o responsabilidad como seres humanos hechos a imagen de Dios y seguidores de Jesucristo. La siguiente lista te da un panorama de esas herramientas simples, pero poderosas para cambiar tu vida. Son sencillas de aprender, aunque resulta difícil ponerlas en práctica:

Las herramientas incluyen:

- El cerco de la separación (Practica los límites).
- La voz de la declaración (Habla fuerte y claro).
- La medalla del sí/no (Di sí o no).
- El corazón de los sentimientos (Préstale atención a tus sentimientos).
- La máscara de oxígeno del cuidado personal (Cuida de ti mismo).
- El espejo de la autoconfrontación (Confróntate).
- La llave de la esperanza (Mantente esperanzada).
- El sombrero de la sabiduría (Piensa con cuidado).
- La insignia del coraje (Sé valiente).

1. El cerco de la separación

Los cercos establecen límites. Nos permiten saber dónde termina nuestro jardín y comienza el del vecino. En la Biblia, los límites se evidencian desde el comienzo de la creación. A fin de traer orden al caos, Dios separa la tierra de los cielos, el agua de lo seco y la noche del día.

Dios también creó a los seres humanos con límites. La palabra *existencia* proviene de otra palabra que significa *separar*[2]. Antes de haber dos personas en el jardín, había solo una. Adán y Eva tenían una identidad como seres humanos únicos, aparte el uno del otro. Sus identidades como individuos separados resultaban cruciales para una unidad saludable.

Del mismo modo, Dios nos da límites para que sepamos dónde terminamos y comienzan los demás. Esos límites incluyen nuestros pensamientos, sentimientos, esperanzas, sueños, temores, valores y creencias. Tales cosas nos separan, recordándonos nuestra propia individualidad como personas. Por ejemplo, cuando dejo que alguien me presione para hacer algo con lo que no estoy de acuerdo o que no quiero hacer, permito que se crucen mis límites.

La piel es un ejemplo de una importante barrera personal. Tu piel —y todo en ella— te pertenece a ti y a nadie más que a ti. Estás a cargo de tu cuerpo, ya seas casada o soltera. Así que debes respetarlo y asegurarte de que otros lo respeten también. Muchas personas, en especial mujeres, permiten que la barrera de su piel sea violada. Si alguno cruza el límite de tu piel de una manera que te haga sentir incómoda, tienes el derecho y la responsabilidad de decir que no.

Además de establecer y reforzar nuestros límites, debemos respetar los de los demás. Hacemos esto al valorar las diferencias. Cuando nuestras opiniones o ideas son diferentes, debemos respetar las elecciones que los demás hacen, aun si son muy distintas a las nuestras. No debemos rebajarlos ni demonizarlos. Violamos el cerco de la separación cuando les decimos a las personas lo que debieran pensar y sentir. Muy a menudo decimos frases que cruzan los límites, como por ejemplo:

- «Eso es ridículo, ¿cómo pudiste pensar eso?».
- «No deberías enojarte».
- «¡No puedo creer que te gustara esa película!»
- «No te importo. Por eso no me llamas».

El cerco de la separación es una herramienta simple, pero poderosa, que nos permite responder diferente en situaciones que solían hacernos sentir desahuciados. En vez de tener miedo de hablar y hacernos valer, o de perdernos en la vida de otro, reivindicamos nuestra libertad como individuos diferentes y expresamos nuestros pensamientos y sentimientos. Ahora bien, cuando no nos sentimos respetados en el trabajo, en vez de simplemente dejar que eso ocurra, podemos decir: «Sr. Jones, no me gusta cuando me corrige delante de los demás. Preferiría que me hablara en privado».

Si tienes dificultades al establecer límites, tal vez sea porque nunca viste a otro haciéndolo. Puedes haber experimentado abuso sexual, físico o emocional en tu hogar cuando crecías. Establecer un cerco de separación requerirá del poder de Dios, un nivel de coraje casi heroico y el apoyo de otras personas. Pide ayuda. Puedes aprender a hacerlo. Eres valiosa.

Recuerda, si la gente cruza nuestros límites es porque se lo permitimos. Nadie más que tú es responsable de asegurar que tus fronteras sean respetadas.

2. La voz de la declaración

Esta herramienta es indispensable para afirmar tu individualidad. Y con *voz* me refiero a nuestra habilidad de hablar a favor nuestro, a la capacidad de decirles a los demás lo que pensamos y sentimos.

Declarar lo que sentimos resulta desafiante para los que crecimos con reglas implícitas que dicen algo como: «No es cortés pedir lo que deseas o precisas» o «No digas nada incómodo en voz alta». Tal vez tu padre te enseñó a no insultar, pero él mismo lo hacía. La regla tácita en tu casa era: «No se habla acerca de la hipocresía de papá». O quizás no se te permitía mencionar que un pariente bebía en exceso, sentía ira o padecía de depresión. Nadie debía hablar de ello. Aprendiste que usar tu voz —hablar la verdad en voz alta— era peligroso.

Ahora que eres adulta, no hay nadie más que tú que pueda verbalizar tus deseos y necesidades o decir tu verdad. Nadie es más experto en cuanto a ti que tú misma. Si no expresas tus necesidades, preferencias y lo que para ti es importante, nadie más puede —o debe— hacerlo. Solo tú eres responsable de ser clara, sincera y respetuosa al declarar tu verdad.

> *Nadie es más experto en cuanto a ti que tú misma.*

Es importante notar que cuando hablas en tu beneficio, no estás hablando *en contra de* nadie, sino *a favor de* ti. A veces pensamos que las personas que no concuerdan con nosotros están en nuestra contra. No es cierto. Solo tienen una opinión distinta. Si no coincido con tus convicciones sobre el calentamiento global, la economía o el matrimonio entre homosexuales, mi propósito no es ser una persona antagónica o complicada. Simplemente estoy siendo fiel a mis valores y convicciones. Si le digo a Pete que prefiero estar sola esta noche, no es que esté en contra de él. Me encanta su compañía y la disfruto. Sencillamente debo primero recargar mis baterías emocionales a fin de poder amarlo bien. Si digo que no a su invitación para ir a ver una película, no es un asunto personal. Prefiero quedarme en casa y descansar mi cuerpo cansado.

Declarar mis necesidades y preferencias es algo en lo que todavía tengo que trabajar. Recientemente usé un certificado de regalo que me habían dado para disfrutar de un masaje terapéutico, una de mis formas preferidas de relajarme y mimarme. Durante el masaje comencé a sentir un dolor en mi hombro debido a la posición incómoda de mi cabeza y cuello. Cuando le pedí una almohada a la masajista, sugirió que debía esperar unos minutos a que terminara de masajearme el cuello. Sin embargo, cuando el dolor empeoró, le hablé de forma más firme: «Por favor, necesito una almohada. Me duele mucho».

Mientras continuaba con el masaje, me di cuenta de que no estaba aplicando la presión necesaria para liberar las tensiones de mi cuello y hombros. Dije para mis adentros: «¿Me atreveré a hacerme valer y decirle algo por tercera vez? No quiero parecer quejosa». Luego me respondí: «No, Geri, tienes derecho a declarar lo que sientes. Este masaje es un regalo que quieres disfrutar y ella está cobrando por su trabajo».

Por consiguiente, le pedí que ejerciera más presión, a lo cual ella estuvo más que feliz de acceder. Ese fue otro recordatorio de lo difícil que puede ser, aun en las situaciones cotidianas, sacar de la caja de herramientas la voz de la declaración.

Nuestra vida diaria está llena de oportunidades y desafíos para declarar lo que nos pasa… o retraernos con temor o culpa. Por ejemplo:

- «Prefiero sentarme en un lugar diferente del que estamos sentados ahora en el restaurante».

- «No iremos a tu casa esta Navidad. Hemos decidido que nos quedaremos en nuestro hogar».

- «No me gusta cuando excedes el límite de velocidad en las curvas. No me siento segura».

- «Me importa el medio ambiente, así que voy a dejar

de comprar agua embotellada para nuestra familia».

- «Me gustaría que nos detuviéramos aquí. No creo que este corte de cabello esté resultando como esperaba».

- «Me gustaría pedirte que no revisaras tu correo mientras estamos en una reunión».

- «No quiero asistir a esa actividad, prefiero quedarme en casa».

- «¿Cuál es exactamente el salario y los beneficios de este empleo? ¿Son negociables?»

Cuando usamos nuestra voz para declarar lo que pensamos, no estamos tratando de controlar ni manipular a los demás. Estamos hablando con una actitud de profundo respeto, tanto por nosotros como por los demás. Nuestras palabras no implican enojo o emplean un tono defensivo.

También usamos nuestra voz para hacer comentarios o expresar nuestra confusión acerca de cosas que nos resultan equívocas. Asumimos el riesgo de hacer preguntas difíciles aun cuando sea incómodo.

Dios tiene voz. Él habla. Como una hija de Dios hecha a su imagen, también tienes una voz y debes usarla de una manera amable, pero poderosa. Se trata de tu voz de declaración, y no puedes vivir la clase de vida singular que Dios te ha dado sin hacer uso de ella.

3. La medalla del sí/no

Hay dos palabras de especial importancia en el conjunto de herramientas para la libertad personal: *sí* y *no*. Ambas son poderosas y presentan un desafío singular.

La mayoría de nosotros nos sentimos culpables diciendo que no. Queremos agradar y no desilusionar a la gente, y tal vez imaginamos que decir que no es de algún modo ser menos como Cristo. No obstante, consideremos el ejemplo de Jesús y si él mismo no desilusionó a la gente.

- Les dijo que no a las multitudes que querían hacerlo rey (Juan 6:14-16).

- Le dijo que no a Pedro, quien quería que evitara la cruz (Mateo 16:21-23).

- Les dijo que no a los líderes religiosos que deseaban que dejara de declarar que era el Mesías (Juan 9:35-39).

- Le dijo que no a su familia, que pretendía que regresara a casa (Marcos 3:31-34).

- Le dijo que no a la gente que quería que descendiera de la cruz para demostrar que era el Hijo de Dios (Lucas 23:35-39).

Si Jesús no hubiera dicho que no por temor a decepcionar a la gente, no habría cumplido la misión y el propósito que Dios le había dado. Hubiera vivido para satisfacer las expectativas de la gente en vez de las suyas. Ejercitar un no saludable resulta esencial si queremos cumplir el destino del Padre para nuestra vida también.

Es importante entender que tanto el *sí* como el *no* son palabras amorosas. Recuerda, cuando digo que no, no es *en contra* de ti, sino *a favor* de mí. Y aunque mi «no» te entristezca, eso no me convierte en una persona mala. Más importante todavía, si digo que sí cuando prefiero decir que no, socavo mi integridad y eso nos daña a los dos. Decir que no cuando resulta apropiado es el derecho de todo adulto.

> *Debemos ser capaces de decir que no si hemos de expresar un saludable sí.*

- «No, no puedo ayudarte hoy».

- «No, no puedo cuidar a los niños este sábado».

- «No, no iré esta semana».

- «No, no aceptaré tu invitación esta vez».

- «No, no quiero llevar a tu amiga a su casa esta noche».

Debemos ser capaces de decir que no si hemos de expresar un saludable sí. Un sí saludable proviene de un corazón sincero que desea y a la vez es capaz de hacer algo. Infunde deleite, no pone condiciones ni demuestra ningún resentimiento:

- «Sí, siéntete en libertad de llamarme hoy a cualquier hora».
- «Sí, estoy feliz de llevarte a la tienda».
- «Sí, me encantará acompañarte a la conferencia».
- «Sí, espero estar contigo mañana por la noche».
- «Sí, puedo cuidar a tus niños para que pases un tiempo a solas».

Imagínate cómo sería tener el medallón del sí/no colgando de tu cuello esta semana. Cuando se te presenten opciones y decisiones, toma el medallón en tu mano y vuélvelo hacia la cara del *sí* o el *no*, según sea la opción correcta para ti.

4. El corazón de los sentimientos

La herramienta del corazón me recuerda que necesito apartar un tiempo con regularidad para prestarle atención a los sentimientos que hay dentro de mí. Ellos constituyen importantes indicadores y formas en las que Dios se manifiesta en mi vida. Las circunstancias, la gente y las cosas que excitan emociones en mí son parte de lo que me hace un ser humano único. Por ejemplo, cuando estoy consciente de lo que le da gozo y vida a mi alma, estoy más apta para reafirmarme y perseguir esas cosas que me brindan placer y gozo.

Le presté atención a mi enojo cuando Pete aceptó recibir llamadas telefónicas mientras estábamos cenando. En vez de usar mi enojo para culparlo —«¡Tú no pasas tiempo conmigo y las niñas!»— escuché a mi corazón y reconocí mi irritación por lo que era: una advertencia de que algo que valoraba estaba siendo violado. Ahí pude hacerme valer: «Pete, me gustaría que silenciaras tu celular mientras cenamos para tener un tiempo en familia sin interrupciones».

Usar esta herramienta significa reconocer mi decepción y tristeza. Esto puede variar desde la desilusión por una mala comida en un restaurante durante una salida especial hasta el desencanto por no haber sido contratada para un empleo que anhelabas con todo tu ser. Durante años sostuve la creencia errada de que desilusionarse significaba ser ingrata, y ser ingrata implicaba ser mala. La queja crónica se proyecta hacia afuera, a los demás. No obstante, aprendí que admitir la decepción con humildad revela y abre nuestros corazones. Implica ser vulnerables, no pretenciosos, creando una atmósfera en la que Dios puede acceder a nuestros corazones y encontrarse con nosotros.

Usar el corazón de los sentimientos también implica reconocer mi felicidad. Un verano me encontraba llena de energía y gozo al salir de vacaciones en nuestro auto a un campamento familiar en las montañas. Durante la semana siguiente, me deleité realizando excursiones, nadando, navegando, montando en kayak, tomando lecciones de pintura con acuarelas y permaneciendo junto a mi familia. Mi gran gozo me alertó de cambios que quería hacer tanto en nuestras vacaciones como en nuestro estilo de vida.

Pasa tiempo cada día preguntándote cómo te sientes, por qué estás enojada, triste, ansiosa o alegre. Escríbelo y luego pregúntate: «¿Cómo me está hablando Dios a través de estos sentimientos?».

5. La máscara de oxígeno del cuidado personal

Cuando viajas en avión con un niño, te dan instrucciones de que ante una emergencia debes ponerte tu máscara de oxígeno antes de ayudar al niño con la suya. ¿Por qué? ¡Porque al que no puede respirar no le es posible ayudar a nadie más a hacerlo! Un proverbio famoso lo expresa de este modo: «La que no es feliz no puede ayudar a mucha gente». En otras palabras, primero debo cuidarme yo si quiero cuidar a los demás.

Aplicar la máscara de oxígeno del cuidado personal significa hacer cosas que te renueven y te dan vida. Eso significa permanecer en contacto con tus deseos y sueños, las cosas que te hacen sentir plenamente viva. Como el escritor Parker Palmer pregunta: «¿La vida que estoy viviendo es la que Dios desea vivir en mí?». Es fácil vivir una vida distinta a la tuya, dedicarte a cumplir las expectativas de los demás. Con el tiempo, esto lentamente mina el tiempo que tienes disponible para vivir tu propia vida. ¿Estás solo gastando el tiempo en hacer las cosas que los demás quieren que hagas? ¿O incluyes con regularidad las actividades que te gusta hacer?

Pete y yo hemos estado en la Iglesia Nueva Vida en Queens, Nueva York, por más de veintitrés años. Desde el primer día de la iglesia hasta ahora, nos hemos visto rodeados por un mar de necesidades. Cuando nos preguntan: «¿Cómo han sobrevivido los dos?», mi respuesta es: «Amamos a la gente y nuestro servicio es un acto de amor por Cristo. A la vez, sabemos que no somos indispensables y nos ponemos la máscara del cuidado personal de forma deliberada. No cuidamos bien de nuestras personas durante los primeros ocho años de casados y como consecuencia casi nos autodestruimos. Este viaje hacia una espiritualidad emocionalmente sana nos ha ayudado a descubrir el equilibrio interior y exterior en nuestra vida».

Pete y yo estamos comprometidos con el Sabbat. Tomamos un día de descanso cada semana, un mes cada verano, y tres o cuatro meses sabáticos cada siete años. Durante esos períodos sabáticos intentamos hacer lo que nos proporciona vida: dar caminatas, escuchar música, leer, explorar nuevos lugares, andar en bicicleta, comer en restaurantes étnicos, permanecer en contacto con la naturaleza, ir a la playa, así como pasar tiempo con nuestra familia extendida y nuestras cuatro hijas.

La máscara de oxígeno que te provee aire fresco puede incluir asistir a conciertos, mirar las estrellas en un telescopio, participar en un club de lectura, jugar en un equipo deportivo, moldear el barro en una rueda de alfarero, trabajar con madera, arreglar el jardín, pescar, cocinar, tomar parte en ciertos deportes extremos, escribir poesía, hacer arte, bordar una frazada o simplemente estar con los amigos.

La pregunta es: «¿Estás persiguiendo esas cosas que infunden vida en ti y te ayudan a sentirte plenamente viva?». ¿Puedes detener todo trabajo durante un día a la semana con el objetivo de enfocarte en lo que te da vida? Considera separar un día en el que elimines todos los *debo* y *tengo* con el fin de descansar y deleitarte en los dones de Dios para ti y lo que te rodea[3].

> *¿Estás persiguiendo esas cosas que infunden vida en ti y te ayudan a sentirte plenamente viva?*

6. El espejo de la autoconfrontación

Necesitamos esta herramienta para protegernos del autoengaño (Jeremías 17:9). Ubicarnos delante del espejo de la autoconfrontación significa reconocer humildemente nuestras deficiencias y la forma en que somos responsables de nuestros fracasos y desilusiones. De eso hablaba Jesús cuando enseñó que debíamos quitar la viga de nuestro ojo antes de quitar la paja del ojo ajeno (Mateo 7:1-5).

Preferimos culpar antes que asumir la responsabilidad. Yo culpaba a Pete por lo infeliz que me sentía al pasar los veranos en la ciudad de Nueva York. Cuando finalmente me paré frente al espejo de la autoconfrontación, me di cuenta de que era más fácil culpar a Pete que correr el riesgo de hacerlo enojar por elegir pasar el verano sin él en la casa de playa de mis padres. Culparlo por mi desdicha me permitía evitar enfrentar mi temor a la desaprobación. En ese tiempo se trataba de un temor que percibía peor que la muerte.

Cuando al fin quité la viga de mi propio ojo, pude ejercer mi libertad personal para cuidar de mis necesidades. Dejé de culpar a Pete, me responsabilicé por mi felicidad y empecé a pasar tiempo en la casa de mis padres, aun cuando mi decisión al inicio no contó con la aprobación de Pete.

La autoconfrontación puede sonar como una herramienta apabullante (y despierta todos los temores), pero también constituye una herramienta poderosa que te brinda la habilidad de enfrentar tus monstruos cara a cara. Te permite dejar de culpar y asumir de nuevo el control de tu vida. En el día a día, la autoconfrontación puede significar...

- que dejes de culpar a tu jefe por tu infelicidad y empieces a enfrentar tu temor a buscar otro empleo.

- que dejes de quejarte acerca del manejo irresponsable de las finanzas de tu hijo y reconozcas que le haces más mal que bien cuando continúas dándole dinero.

- que dejes de culpar a tus padres por ser tan exigentes, sabiendo que la verdadera dificultad radica en tu incapacidad para decirles que no cuando te piden que les sigas resolviendo todos sus problemas.

- que dejes de acusar a la iglesia por ser tan demandante y colaborar con tu estrés. En cambio, emprende el difícil camino de mirar tu interior para discernir por qué tienes dificultades en establecer límites apropiados y saludables.

- que dejes de culpar a los demás por tu mal desempeño en el trabajo, reconociendo que eres demasiado orgullosa como para pedir ayuda de antemano y demasiado temerosa para pedir opiniones después.

Si no hacemos buen uso de esta herramienta, nunca disfrutaremos de la libertad dada por Dios para elegir nuestras propias vidas. El Papa Juan Pablo II dijo lo siguiente: «La verdad y la libertad van de la mano, o juntas perecerán en la miseria». No podemos alcanzar una libertad personal completa sin una verdad personal completa.

Vuelve a pensar en tu semana. ¿Hubo momentos en que dijiste algo que desearías no haber declarado? ¿Hubo algún comportamiento o acción que te arrepentiste de haber hecho? ¿Qué estaba sucediendo en tu corazón? Si pudieras volver atrás la semana, ¿qué cosa harías diferente? Si hubiera alguna persona a la que debes acudir y hablar, haz una nota en tu agenda a fin de dar ese paso de valentía. Ten cuidado de no crucificarte a ti misma. Somete tus descubrimientos a Dios, confiando en su promesa de que «si confesamos nuestros pecados, Dios, que es fiel y justo, nos los perdonará y nos limpiará de toda maldad» (1 Juan 1:9).

7. La llave de la esperanza

Desde la creación del mundo, Dios siempre ha dado esperanza. Ella está entretejida en las mismas hebras de las estaciones de la naturaleza al observar el ciclo de muerte y novedad de vida cada invierno y verano. El recordatorio más concreto de la realidad de que servimos a un Dios viviente que anhela infundirles esperanza a sus hijos está arraigado en la vida, muerte, sepultura y resurrección de nuestro Señor Jesús.

La dorada llave de la esperanza abre esta verdad y nos libera de la prisión de vivir en el pasado. Vivir sin esperanza es como intentar conducir un automóvil mientas miramos por el espejo retrovisor. Enfocarnos demasiado en el pasado nos impide mirar al futuro.

Cuando la vida se torna difícil, resulta sencillo quedarse varado en un círculo de pensamientos negativos: «Nunca más dejaré que eso suceda», nos decimos. Y gastamos toda nuestra energía pensando en lo que no queremos. La llave de la esperanza nos señala la pregunta más importante: «¿Qué deseo?». Eso nos libera para asumir la responsabilidad de un futuro mejor que, en cooperación con el Espíritu Santo, podemos crear por nosotros mismos. Aun más, nos impide quedarnos estancados en medio de lamentos y resentimientos y culpar a los demás.

La esperanza abre puertas que podemos pensar que están cerradas, pero no lo están. Por ejemplo, como esposa de pastor muchas veces perdí la esperanza de que alguna vez tendría una vida feliz y sustentable. Creí de modo erróneo que los patrones del pasado simplemente continuarían en el futuro y que no había nada que pudiera hacer para cambiarlo. Sin embargo, no era cierto. El evangelio nos da esperanza no solo para el cielo, sino para esta vida, aquí y ahora. No importa lo difícil que pueda haber sido el pasado, eso no significa que un futuro mejor sea imposible.

- Tal vez tu familia no supo cómo expresar los sentimientos difíciles. Puedes aprender.

- No sabes cómo edificar tu confianza en la gente. Puedes aprender.

- No sabes tener relaciones íntimas. Puedes aprender.

- No sabes usar tu voz para hacerte valer de una forma sincera, directa y respetuosa. Puedes aprender.

- Tienes un miedo atroz de confrontarte a ti misma. Puedes aprender a hacerlo y no solo sobrevivir, sino además prosperar.

- Evitas los conflictos a toda costa. Puedes aprender a confrontar sin temor.

- Es posible perseguir un futuro deseable, teniendo lo necesario para hacer cambios saludables en tu vida. Puedes aprender a hacerlo.

Cristo nos invita a depositar nuestra esperanza en su poder a fin de redimir incluso la más difícil de las circunstancias, y nos exhorta a colaborar con él en la creación de un futuro positivo. El pasado no tiene por qué ser igual al futuro.

El pasado no tiene por qué ser igual al futuro.

¿Qué puertas crees que están cerradas hoy? ¿Cómo podrías utilizar la llave de la esperanza en esa situación para comenzar a salir del pasado y entrar a un futuro mejor? ¿Y quién podría ser una persona madura a la que puedes acercarte para contarle tu perspectiva y que te anime con una opinión amorosa y sincera?

8. El sombrero de la sabiduría

Dios nos da la capacidad de vivir de modo sabio, no necio. Todo el libro de Proverbios nos hace una invitación a ponernos el sombrero de la sabiduría. Dios nos invita a buscar revelación y entendimiento como si estuviéramos buscando un tesoro escondido (Proverbios 2:3-4). Aunque la sabiduría abarca muchas cosas, quiero centrarme en la importancia vital de la sabiduría que ponemos en práctica cuando pensamos por adelantado y tomamos decisiones bien sopesadas anticipando las potenciales consecuencias.

La sabiduría de anticipar las consecuencias exige pensar detalladamente en las decisiones a corto y largo plazo. En otras palabras, no avanzamos a ciegas o tomamos decisiones impulsivas. Las Escrituras le llaman prudencia a esta cualidad. «El ingenuo cree todo lo que le dicen; el prudente se fija por dónde va» (Proverbios 14:15). Esto se aplica a toda clase de decisión, ya sea comprar un auto usado, entablar una relación, cambiar de carrera, aceptar un nuevo compromiso, acumular deudas en la tarjeta de crédito o comprar algo que no necesitamos porque justo está en oferta. Compras un auto usado con entusiasmo porque tenía el precio adecuado. Al cabo de un mes el auto se rompe y necesita una reparación muy costosa. Ahora te das cuenta de que deberías haberlo llevado a un mecánico antes de comprarlo. Cuando practicamos tal prudencia y prevención, nos responsabilizamos por nuestra vida y nuestro futuro.

En los primeros años de nuestro ministerio, extendimos con rapidez la iglesia añadiendo más servicios y edificando nuevas congregaciones. No pensamos en las implicaciones de esta expansión en los matrimonios de la gente del equipo, nuestras relaciones personales con Dios o nuestra capacidad de proveer un cuidado pastoral para tanta gente adicional. Como resultado, hicimos promesas que no pudimos cumplir y luego tomamos decisiones menos sabias y más rápidas debido a nuestro temor y ansiedad. Si hubiéramos disminuido el ritmo y anticipado las potenciales consecuencias de nuestras decisiones, habríamos evitado una gran cantidad de adversidad y desilusión.

Muchas personas evitan pensar demasiado en las consecuencias potenciales de una decisión por temor a lo que pueden llegar a descubrir. Por ejemplo, decides dejar tu empleo actual por otro que ofrece más dinero. Sin embargo, no previste el largo y complicado viaje, los precios en aumento de la gasolina, la cantidad adicional de tiempo, así como el gasto de comprar una ropa más apropiada para esta nueva posición. Después de unos meses te das cuenta de que ahora estás llevando a casa menos dinero que en tu trabajo anterior. Al mirar en retrospectiva, puedes decir: «¡Si lo hubiera pensado antes!» o «Parecía una buena idea en ese momento».

El sombrero de la sabiduría nos otorga el derecho y la responsabilidad de hacer una pausa, reunir información, y luego evaluar lo que sabemos sobre un tema. Exige que pensemos de manera crítica antes de tomar decisiones, reconociendo que pensar dos veces nuestros caminos es un privilegio y también un don de parte de Dios.

Identifica una mala decisión que hayas tomado en el pasado. ¿Qué desearías haber hecho de manera diferente? ¿Qué lamentas? ¿Qué comprendes ahora? ¿Cómo puedes aplicar esas lecciones a una situación que estás enfrentando en la actualidad?

9. La insignia del coraje

La insignia del coraje nos permite asumir riesgos saludables. Esta herramienta resulta poderosa debido a que está forjada en las llamas del amor de Dios por nosotros. Podemos ser valientes porque no tenemos que demostrar nuestra valía y ganarnos el amor de Dios. Como resultado, podemos correr riesgos y hacer las cosas a veces incómodas y difíciles que debemos realizar para crecer como adultos maduros emocional y espiritualmente.

Apoderarse de la libertad personal requiere valor y fe. No hay garantía de que las cosas no se podrán peores antes de mejorar. Puedes esperar encontrar resistencia cuando comienzas a desafiar los patrones insalubres y renunciar a tu falso yo. Estás entrando en un horno de fuego que quemará todo lo que no es auténtico, todo lo ilusorio y falso. Decidir tener una vida genuina no significa elegir una vida fácil; estas decisiones son complicadas e incluyen algo de dolor. La pregunta es si el dolor que eliges padecer será redentor o destructor. El dolor redentor demanda morir a las cosas correctas para poder acercarte a tu destino. El dolor destructor nunca te lleva a nada más que dolor; simplemente recicla los mismos problemas una y otra vez.

Ponerte la insignia del coraje te permite considerar todas las demás herramientas para la libertad personal. Colócate la insignia del coraje y repasa de nuevo cada una de las otras herramientas, reflexionando sobre las siguientes preguntas:

- *El cerco de la separación*: ¿Dónde permites que otros crucen tus límites?

- *La voz de la declaración*: ¿Cuándo tienes dificultades para expresar lo que sientes?

- *La medalla del sí/no*: ¿A quién te resulta difícil decirle que no?

- *El corazón de los sentimientos*: ¿Qué sentimientos evades?

- *La máscara de oxígeno del cuidado personal*: ¿Dónde estás fracasando en el cuidado personal?

- *El espejo de la autoconfrontación*: ¿Dónde estás tratando con la verdad de manera superficial?

- *La llave de la esperanza*: ¿En qué área de tu vida crees que las cosas nunca van a cambiar?

- *El sombrero de la sabiduría*: ¿En qué área de tu vida estás siendo impulsiva y no estás haciendo las preguntas difíciles?

● *La insignia del coraje*: ¿Para cuál de estas herramientas precisas más coraje?

Cuando dejamos de culpar y hacemos uso de la libertad personal que Dios nos dio, nuestro sentido de indefensión se evapora. Nos damos cuenta de que no somos responsables por las elecciones de los demás; ellos lo son. No podemos cambiar a los demás, pero sí cambiar nosotros por la gracia de Dios.

Esto nos conduce a la pregunta de cómo cuidamos a los demás y les servimos mientras al mismo tiempo les permitimos madurar y asumir la responsabilidad por sus propias cargas (véase Gálatas 6:2, 4). Nos referiremos a esta desafiante pregunta en el siguiente capítulo: Deja de trabajar en exceso.

6

Deja de ocuparte
demasiado

Estamos demasiado ocupados cuando trabajamos en exceso y hacemos por otros lo que ellos pueden y deberían hacer por sí mismos. Las personas sobreocupadas le impiden a la gente —e incluso a sí mismas— crecer. Sin embargo, esta una calle de doble vía. Cuando encuentras a alguien «sobreocupado» también encontrarás a un «subocupado», una persona que hace menos de lo que debe hacer. Trabajar de más pone en peligro amistades, matrimonios, iglesias, ambientes de trabajo y familias. Yo lo sé bien. Estuve sobreocupada por muchos años.

Un poema titulado «Millie's Mother's Red Dress» [El vestido rojo de la madre de Millie], escrito por Carol Lynn Pearson, demuestra la lluvia tóxica que viene al hacer todo por los demás. Mientras la madre de Millie yace tendida, muerta, de su ropero cuelga un hermoso vestido rojo que nunca usó. Durante sus últimos momentos, en una conversación con su hija, ella recuerda sus remordimientos y las lecciones que aprendió demasiado tarde.

Bien, siempre pensé
que a una mujer buena nunca le llega el turno,
que ella siempre está para hacer algo por los demás.
Haz aquí, haz allá, siempre cuida
de atender los deseos de los demás, y asegúrate
de que los tuyos estén al final de la lista.
Tal vez algún día llegues a cumplirlos,

pero seguro que nunca será así.
Mi vida era así: hacer cosas para tu padre,
hacer cosas para los hijos varones, para tus
hermanas, para ti.

«Hiciste todo lo que una madre puede hacer».

Ah Millie, Millie, eso no fue bueno
ni para ti ni para él. ¿No lo ves?
Cometí el peor de los errores,
¡no pedí nada para mí!

Cuando el doctor le dijo la noticia a tu padre,
él la tomó muy mal. Vino a mi cama y
quiso sacar la vida de adentro de mí.
«No puedes morir.
¿Me escuchas? ¿Qué será de mí?»
Será difícil, lo sé, cuando me vaya.
Él no puede encontrar siquiera el sartén, tú sabes [...]

Veo como algunos de tus hermanos
tratan a sus esposas ahora,
y se me revuelve el estómago, porque fui yo
la que les enseñó eso. Y ellos lo aprendieron.
Aprendieron que una mujer
no existe, sino solo para dar [...]
No recuerdo ni una vez
que haya ido a la tienda a comprar algo bello
para mí.

Excepto el año pasado cuando me compré ese vestido
rojo.

Ah, Millie, siempre pensé
que si no te llevabas nada de este mundo,
de algún modo lo tendrías todo en el próximo.
Ya no creo eso más.

Creo que el Señor quiere que tengamos algo
aquí y ahora [...]

Dejé pasar mi turno tantas veces
que ahora ni sé cómo tomarlo [...]

Hónrame, Millie,
no siguiendo mi ejemplo.
Prométemelo1.

La madre de Millie se dio cuenta al final de su vida que no sirvió bien ni a su familia ni a ella misma. Ella *hiperfuncionó* a expensas de su alma. Su familia *subfuncionó*, viendo atrofiado su crecimiento hacia la madurez. Hizo por ellos lo que podían y debían haber hecho por sí mismos. Al final de su vida, todo lo que tiene son lamentos dolorosos sobre el daño que les había causado.

Renuncia a ocupar el último lugar

¿Te sientes identificada con la madre de Millie? Yo sí. Durante años siempre me coloqué al final de la lista. Yo también estaba haciendo todo por los demás, ocupando en todo momento el último lugar. Fui la figura principal para mis hijas. Cuidaba de la casa. Pagaba las deudas. Manejaba los compromisos. Planificaba las vacaciones y los días feriados. Creaba ocasiones especiales para nuestra familia. Organizaba los cumpleaños y monitoreaba todos los turnos médicos y dentales. Limpiaba, cocinaba, lavaba y hacía las compras. Atendía a los grupos de nuestra iglesia semanalmente y a los que se quedaban a dormir alguna vez durante el mes. Vivía como si fuera la Mujer Maravilla, haciendo el trabajo de tres personas.

Pete no hacía nada en casa porque estaba sobreocupado en el trabajo. Realizaba las tareas de tres personas en la iglesia. Vivía como si fuera Superman. Esto creó grandes vacíos en el hogar que yo tenía que llenar. En realidad, que yo hiciera de todo en casa posibilitaba que él pudiera trabajar mucho en la iglesia. Terminé haciendo por Pete y nuestras hijas muchas cosas que ellos podían y debían haber estado haciendo por sí mismos.

Llegué al punto de sentirme cansada, debilitada y resentida. Esto se evidenciaba bajo la forma del sarcasmo y la queja, pero no cambiaba mucho nuestra situación. Pete puede haber llevado a las niñas a un juego después de la escuela, pero lo hacía con el teléfono en la mano. Cuando comencé mi travesía hacia una espiritualidad emocionalmente sana, me di cuenta de que el problema era yo, no él. Si quería que él comenzara a hacer algo en casa, debía dejar de hacerlo todo yo. Ya no podía protegerlo de las consecuencias de su bajo funcionamiento como esposo, padre y miembro de nuestra familia. Si Pete no venía a buscar a nuestra hija, probablemente ella no jugaría más en el equipo de fútbol local. Si Pete no quería preparar el cuarto para los huéspedes, no habría más invitados a pasar la noche.

Estamos demasiado ocupados cuando trabajamos en exceso y hacemos por otros lo que ellos pueden y deberían hacer por sí mismos.

Descubrí que todos en mi familia podían lavarse la ropa, incluyendo a Pete. También comprendí que quería renegociar las expectativas con respecto a la maternidad. No quería ser la figura principal en la crianza de nuestras hijas. Deseaba que mi esposo compartiera conmigo a partes iguales la ansiedad y el peso provocado por de las necesidades de nuestras hijas en lo emocional, académico, físico y espiritual. Tampoco quería cocinar las siete noches de la semana. Pete era capaz de aprender a cocinar y hacerse responsable de preparar la cena dos veces por semana. Y no fue todo viento en popa al principio. Puedo asegurarte que mi familia, en especial mi suegra italiana-estadounidense, no me estaba vitoreando al costado del camino.

Pete tuvo que hacerle frente a su rol de sobreocupado en la iglesia y subocupado en casa. Él no estaba nada feliz, al menos al principio, cuando se trataba de cocinar y lavar la ropa. No obstante, con el tiempo aprendió algunas cositas. Durante un corto plazo la calidad de nuestras comidas empeoró de manera significativa. No me importaba, siempre y cuando hubiera comida en la mesa a las seis de la tarde y yo no tuviera que pensar cómo llegó allí.

Mi esposo estaba menos molesto con los cambios que nuestras hijas. Su ansiedad se mostraba como enojo. «Se supone que las madres deben cocinar. ¡Nos estás tratando mal!», gritó Faith. Eva se quejó: «La comida de papá es asquerosa. Me estoy muriendo de hambre». Tenía razón en cuanto a la habilidad de Pete para cocinar; él tenía mucho que aprender. No obstante, me mantuve decidida y calmada, determinada a alcanzar el equilibrio en mi vida.

A pesar del resentimiento inicial, Pete llegó a darse cuenta de lo mucho que le gustaba compartir la crianza de las niñas conmigo. Cuando comenzó a asumir más responsabilidades en la casa, continuaba realizando el trabajo de tres personas en la iglesia. Sin embargo, ahora se le empezaron a caer las pelotas con las que hacía malabares en el trabajo. Pronto se dio cuenta de que estaba trabajando demasiado en la iglesia.

Con el tiempo, Pete precisó modificar las tareas que desempeñaba en nuestra congregación. Ya no podía lanzar nuevas iniciativas sin tener en cuenta sus responsabilidades en el hogar. Aminoró la marcha, eliminando, por ejemplo, algunos grandes eventos y actividades de alcance a la comunidad que le absorbían una gran cantidad de tiempo y energía. La frase «límites establecidos por Dios» se volvió parte de su vocabulario. Reordenó sus prioridades en la iglesia y aprendió a decir que no a las actividades que repercutían en sus nuevos compromisos con el matrimonio y la familia, incluso si al hacerlo decepcionaba a algunas personas. Lo interesante es que la iglesia creció y floreció cuando él hizo esos cambios.

Inventario de «sobreocupación»

Permíteme repetirlo: Sobreocuparse es hacer por los demás lo que ellos pueden y deben hacer por sí mismos. Hacer cosas en exceso es algo más que un simple mal hábito. Se trata de una maleza cuyas profundas raíces a menudo pueden remontarse por generaciones en nuestra familia de origen. Y las ramas espinosas de esa maleza alcanzan nuestros trabajos, la crianza de los hijos, nuestros matrimonios, iglesias y amistades.

Sobreocuparse no es una clase de enfermedad de todo-o-nada; existe en una escala que va de leve a severa. Usa las simples declaraciones que aparecen debajo para tener una idea de dónde te hallas en la línea. Coloca una marca en la casilla que está junto a la afirmación que mejor te describe.

Por lo general, conozco la manera correcta de hacer las cosas.

Me muevo rápidamente para aconsejar o arreglar las cosas, no sea que se derrumben.

Tengo dificultad en permitir que los demás luchen con sus propios problemas.

A la larga, es más fácil hacerlo todo yo misma.

No confío en que los demás harán un trabajo tan bien como yo.

A menudo hago lo que se me pide, aun si ya estoy sobrecargada.

No me agrada causar problemas, así que cubro las fallas de los demás.

Otras personas me describen como alguien «estable» y que siempre tiene todo bajo control.

No me gusta pedirles ayuda a los demás porque no quiero ser una carga.

Me gusta que me necesiten.

Si marcaste uno o más casilleros, podrías estar sobreocupada. Si marcaste de cuatro a siete, probablemente tienes un caso moderado de sobreactividad. Si obtuviste ocho puntos o más, ¡estás en problemas!

Las cinco consecuencias mortales

Resulta sencillo, y quizás hasta tentador, pasar por alto el daño que nos hicimos a nosotros mismos y a otros por causa de la hiperactividad, pero no es un asunto de menor importancia. Hay por lo menos cinco consecuencias mortales de este comportamiento: alimenta el resentimiento, perpetúa la inmadurez, nos impide enfocarnos en el llamado para nuestra vida, mina nuestra vida espiritual y destruye la comunidad[2].

Sobreocuparse alimenta el resentimiento

Seguramente recuerdas la historia de Marta y María en Lucas 10. Marta, en una modalidad típica de la hiperactividad, se encuentra sumida por completo en las demandas de preparar una comida importante para algunos invitados muy distinguidos: Jesús y sus doce discípulos. Entre otras cosas, su lista de tareas incluye ir a comprar los ingredientes, poner una gran mesa, preparar la comida, pedir prestado colchones, mesas y bandejas para servir, limpiar la casa, contratar a un músico para que haya música de fondo, servir la cena, lavar los platos y, tal vez lo más importante, estar segura de que todo marche a la perfección. Sin embargo, aun cuando los preparativos parecen andar bien, Marta está enojada y resentida, en especial con su hermana María, que se sienta a disfrutar de la compañía de Jesús. Marta está demasiado enojada como para poder disfrutar de Jesús.

La sobreocupación de Marta se esconde bajo el disfraz de cuidar de las necesidades de los demás. No obstante, al tratar de lograr mucho, no solo pierde de vista su interés personal, sino el mismísimo propósito de todo su trabajo: darles la bienvenida y atender a sus invitados, incluyendo al mismo Jesús. Marta confunde el hecho de *valorar* a alguien con tener que *ocuparse de* ese alguien.

Me identifico con Marta más de lo que me gusta admitir. Durante la mayor parte de mi vida cristiana, lo que malinterpreté como cuidado significaba en realidad asumir más responsabilidades por la gente de las que Dios me estaba pidiendo. Esto incluía todo, desde cuidar a los hijos de los amigos y proveer transporte para donar dinero, hasta ofrecer mis consejos a mis hijas adolescentes cuando ellas no me lo estaban pidiendo, planchar las camisas de Pete cuando él podía hacerlo solo y estar siempre disponible para las crisis de los demás.

En una ocasión mi esposo invitó a dos conocidos líderes cristianos de otra ciudad a almorzar en nuestra casa. Como era usual, trabajé mucho para presentar un hogar perfectamente arreglado y me extenué cocinado una comida elaborada. Comenzando con dos días de anticipación, preparé una sopa de almejas, hice pan casero con queso y horneé una deliciosa torta de chocolate. Y todo esto con un bebé en mi cintura y una niñita prendida de mi pierna.

Lamentablemente, creía que mis esfuerzos demostraban que me importaban esas personas. No obstante, al igual que Marta, me sentía cansada, malhumorada y estresada con los que me rodeaban.

«Estoy enferma y cansada de todo esto», me quejaba. «¿Por qué nadie me ayuda?».

Cuando uno de los invitados de Pete dijo de modo casual que no tenía hambre y retiró su plato un poco hacia adelante con toda tranquilidad, quedé devastada. «¿Cómo no pudo apreciar mi ardua labor?», me quejé con Pete en privado.

No fue sino hasta unos años más tarde que comencé a darme cuenta de que podía atender a las personas sin sobrecargarme de trabajo. Supe que le había dado un giro a mi vida una noche en particular en la que recibimos a otro huésped que se quedaría a dormir. Puse en orden la casa, pero no la limpié como para que quedara inmaculada. Serví un postre simple, nada elaborado. Dejé que mis niñas actuaran como son siempre.

Después de la cena, nos sentamos a descansar en la sala de estar y serví café. Me senté y mayormente lo que hice fue escuchar a nuestro invitado, un pastor amigo, mientras nos abría su corazón. Recuerdo haberme percatado de la presencia de Cristo. Si una de las niñas precisaba algo, yo dejaba que Pete se levantara y fuera a buscarlo. Cuando los platos se apilaron en la pileta de la cocina, los dejé allí. Fui capaz de estar plenamente presente conmigo misma, con Pete y nuestro invitado. Pensé de nuevo en la maravillosa invitación de Jesús a Marta: «Estás inquieta y preocupada por muchas cosas, pero sólo una es necesaria» (Lucas 10:41-42a). Y comencé a comprender que esa invitación era también para mí.

Sobreocuparse perpetúa la inmadurez

Moisés era un líder sobreocupado que erróneamente creía que su sacrificio personal ayudaba a su pueblo. Día y noche se sentaba delante de largas filas de gente contrariada tratando de resolver las interminables disputas que surgían entre ellos. Él estaba tan sobrecargado y exhausto que nunca se le ocurrió que podía existir una forma mejor de hacerlo. Fue necesario que una persona de afuera, su suegro Jetro, señalara lo evidente: «No está bien lo que estás haciendo —le respondió su suegro—, pues te cansas tú y se cansa la gente que te acompaña. La tarea es demasiado pesada para ti; no la puedes desempeñar tú solo» (Éxodo 18:17-18). La vida de Moisés cambió de manera drástica cuando siguió el consejo de Jetro y nombró jueces para que oyeran la mayoría de las disputas. Hasta que les permitió a otros asumir sus legítimas responsabilidades, Moisés mismo era el mayor obstáculo que frenaba el crecimiento y la madurez de su pueblo.

No obstante, los hábitos antiguos son difíciles de eliminar. Más adelante, en Números 11, la Biblia cuenta que la tendencia de Moisés a hacerlo todo lo mete en problemas otra vez cuando el pueblo de Israel lo culpa por su disconformidad con las raciones de comida. Ellos no quieren aprender a confiar en las promesas de Dios. En cambio, exigen un rescate de su dolor, así que Moisés enseguida acepta el rol de superhéroe y asume toda la responsabilidad de salvarlos. Por desdicha, al hacerlo no solo se enrola en un comportamiento destructivo, sino que reafirma la inmadurez actual del pueblo.

La pregunta que Moisés tenía que hacerse en ese momento es la misma que nosotros necesitamos formularnos hoy. ¿Amamos de verdad cuando...

- no exigimos que nuestros hijos asuman las responsabilidades del hogar propias de su edad porque no queremos lidiar con su resentimiento y mala actitud?

- protegemos a alguien que amamos de sentirse incapaz o inseguro desalentándolo de correr riesgos saludables para su crecimiento y logros personales?

- cumplimos todas las tareas requeridas para un grupo pequeño o ministerio exitoso (preparamos nuestro hogar para la reunión, los materiales, lideramos el grupo, servimos los refrescos, limpiamos, reclutamos y seguimos a los nuevos miembros, oramos, suplimos las necesidades especiales de los integrantes del grupo, planeamos las salidas y entrenamos a un aprendiz) sin alentar a los demás a asumir algunas responsabilidades?

- permitimos que la iglesia sea espectadora, un lugar donde unos pocos llevan el peso de la responsabilidad de muchos?

La mentira que la hiperactividad susurra en nuestros oídos es esta: «Tú eres la única que mantiene las cosas funcionando bien. Si dejas de trabajar, todo se derrumbará». En realidad, lo contrario es lo cierto. Mientras más nos sobrecargamos, más se desaniman los demás a hacer cambios. Si renunciamos a nuestra manera de actuar, la obra de Dios prosperará en ellos, en ti y finalmente en muchos más. Si no lo hacemos, está casi garantizado que los que nos rodean seguirán siendo inmaduros.

Si deseamos que una persona que no hace lo que tiene que hacer asuma su responsabilidad, nosotros los que hacemos todo debemos dejar de salvar, arreglar o aconsejar. Crecer en cualquier área de la vida implica un desafío, ya sea económico, espiritual, emocional o relacional. Rara vez las personas que no hacen nada darán el primer paso, porque los beneficios que reciben son demasiado satisfactorios, al menos a corto plazo. Alguien más carga con el peso de las responsabilidades, así que ellos no tienen que hacerlo. Renunciar a hacer lo que los demás pueden y deberían hacer por sí mismos al principio parece algo severo, pero en realidad es un acto de amor.

Sobreocuparnos nos impide enfocarnos en el llamado para nuestra vida

Al final de su vida, Jesús le dice a Dios: «Yo te he glorificado en la tierra, y he llevado a cabo la obra que me encomendaste» (Juan 17:4). Dudo que nosotros podamos decir lo mismo al final de nuestras vidas si nos sobreocupamos. Dios tenía un plan para la breve vida terrenal de Jesús y también tiene un plan para tu vida y la mía. Sin embargo, si nos enfocamos mucho en otras cosas, nos desviaremos con facilidad y perderemos el llamamiento único que Dios tiene para nosotros.

Cuando nos sobreocupamos en el servicio a los demás, a menudo nos subocupamos con relación a lo que tenemos que hacer por nosotros.

Cuando nos sobreocupamos en el servicio a los demás, a menudo nos subocupamos con relación a lo que tenemos que hacer por nosotros. Perdemos de vista nuestros valores, creencias y objetivos, que es precisamente lo que le sucedió a Moisés. Llegó a estar tan absorto y preocupado con los problemas del pueblo que perdió el enfoque en las metas de su vida.

Podemos pensar en lo que les habría ocurrido a Moisés y los israelitas si él *no* hubiera estado dispuesto a escuchar a Jetro y renunciar a su hiperactividad. A veces, al igual que Moisés, estamos demasiado cerca de una persona o situación para discernir si nuestros esfuerzos por brindarle cuidado la están ayudando o dañando. ¿Moisés hubiera cumplido el llamado de su vida de llevar al pueblo a la Tierra Prometida si hubiera creído que era indispensable arreglar *todas* sus disputas?

Como madre de cuatro hijos y esposa de un ministro muy activo, me resulta difícil resistirme a la tentación de sobreocuparme. A veces me parece que resulta más sencillo concentrarme en las necesidades de todos los demás que emplear el tiempo, el espacio y la energía necesarios para enfocarme en las metas de mi vida. A menudo tengo que preguntarme: «¿Estoy siendo fiel a la vida que Dios me dio? ¿Cómo estoy integrando mi rol de esposa y madre con mis pasiones, talentos y límites particulares de modo que el llamado específico de Dios para mi vida no quede absorbido por las demandas del ministerio y la vida familiar?».

Pete y yo hemos trabajado juntos por muchos años. Normalmente lo disfruto, pero hay momentos en que tengo que decirle que no a uno de sus proyectos porque me doy cuenta de que no se alinea con mis metas personales. Durante nuestros primeros años le decía que sí a todo y luego terminaba cansada y resentida, porque no todo lo que Pete creía que Dios lo estaba llamando a hacer encajaba con lo que me estaba llamando a hacer a mí.

Reflexiona acerca de tu vida por unos momentos: ¿Has estado tan ocupada enfocándote en los demás que has perdido el enfoque en tu propias necesidades y objetivos? Aparta un tiempo en medio de todas las tareas que realizas por los demás —hijos, cónyuge, amigos, parientes o compañeros de trabajo— para hacerte algunas preguntas como estas:

- ¿Estoy siendo la persona que quiero ser en esta situación?

- ¿Estoy haciendo por los demás lo que ellos pueden y deben hacer por sí mismos?

- ¿Estoy viviendo en sintonía con mis valores?

- ¿Es esta la obra a la que Dios me ha llamado en particular?

- ¿Qué deseo que no estoy logrando?

- ¿Qué resultados estoy obteniendo que no deseo?

- ¿Qué no estoy haciendo y me gustaría hacer?

- ¿Qué estoy dando que no quiero dar?

- ¿Qué hago con mi tiempo cuando dejo de sobreocuparme para servir a los demás?

Estas son preguntas difíciles y desafiantes. Cada uno de nosotros vive dentro de las restricciones de la vida matrimonial, familiar y laboral. Esto requiere inteligencia y planificación; tener conversaciones y consultar con los demás para tomar ciertas decisiones será muy necesario. Por ejemplo, cuando decidí que quería leer al menos media hora antes de ir a dormir algunas veces a la semana, simplemente tuve que buscar el tiempo y el lugar para poder hacerlo. Sin embargo, cuando decidí participar en un retiro de tres días o salir un fin de semana con mis amigas, consulté con mi esposo, ya que eso lo afectaba a él, nuestras hijas y la economía familiar.

No obstante, hay cosas que puedes cambiar, quitar o añadir a fin de enfocarte en tu vida de una manera saludable. La clave es permanecer enfocada en la dirección de tu vida, manteniendo una comunicación clara y abierta con las otras personas importantes que forman parte de tu existencia.

Sobreocuparnos mina nuestra vida espiritual

Para el momento en que la excesiva ocupación de Marta alcanza su pico máximo, ella le está dando órdenes a Jesús: «¡Dile que me ayude!» (Lucas 10:40). Su hiperactividad no solo le impide experimentar el amor de Jesús, sino que la vuelve resentida. Ella cree que sabe mejor que Jesús lo que su hermana María debería estar haciendo.

Solo Cristo es el Salvador. Nosotros somos llamados a confiar y rendirnos a su amor. Cuando cruzamos la línea y nos ponemos a manejar el mundo de Dios en su lugar, entramos en un territorio peligroso, mostramos la misma rebeldía de nuestros antepasados, Adán y Eva.

Sé que estoy haciendo muchas cosas a la vez cuando pienso que no tengo tiempo de detenerme para estar con Dios. Por esa razón, las prácticas contemplativas tales como guardar el Sabbat, permanecer en silencio y estar en soledad, me ayudan a resistir esta tentación. Dios nos creó para trabajar seis días y descansar uno. Debido a mi tendencia a sobreocuparme, los días de reposo son esenciales para mí, ya que constituyen la forma en que deliberadamente separo tiempo para que Dios haga la obra que solo él puede hacer en mí y el mundo que me rodea.

Recuerdo cómo me sentí un viernes por la noche en especial mientras me preparaba para un Sabbat que debía comenzar a las seis de la tarde. Había terminado de revisar mi correo electrónico, apagado la computadora, guardado la ropa limpia, hecho todos los mandados, devuelto las llamadas telefónicas y completado todas las tareas de la iglesia en preparación para el domingo siguiente. La casa estaba en orden. Cuando simbólicamente apagué las luces el viernes como una señal oficial del comienzo de mi Sabbat, oré: «Muy bien, Dios, terminó mi deber. Tú estás a cargo durante las próximas veinticuatro horas».

Algo dentro de mí cambió. En realidad, respiré una bocanada de alivio cuando recordé que no tenía que hacer nada durante las siguientes veinticuatro horas. De veras iba a dejar que Dios estuviera en control del universo. Yo era libre.

¿Qué hay acerca de ti? ¿Puedes aceptar la invitación semanal de Dios a detenerte y descansar, sabiendo que él es capaz de manejar el mundo sin ti al menos un día a la semana? ¿O al igual que Marta estás sobreocupándote al punto de dañar tu relación con Cristo? Una de las grandes señales de que en realidad crees en Dios consiste en descansar en su soberanía y poder para salvar y resistirte a la poderosa tentación de hacerlo todo tú.

Dios nos invita a tomar la responsabilidad por nuestra vida y a no ser demasiado responsables por los demás.

Dios no desea que nos sobreocupemos ni que nos subocupemos. En vez de ello, nos invita a asumir la responsabilidad por nuestra vida y a no ser responsables en exceso por los demás.

Sobreocuparnos destruye la comunidad

Las historias de Moisés y Marta nos dan ejemplos claros de cómo estar demasiado ocupados impacta de forma negativa las comunidades. Cuando Moisés estaba lidiando con la crisis debido a la comida que se describe en Números 11, la atmósfera de la comunidad se volvió tan tóxica que Moisés se desesperó: «Si éste es el trato que vas a darme, ¡me harás un favor si me quitas la vida! ¡Así me veré libre de mi desgracia!» (Números 11:15). Y la situación no es mucho mejor en el caso de Marta. Imagina que eres uno de los invitados a la cena tratando de disfrutar de la gran comida con Jesús, mientras Marta camina dando pisotones, furiosa de aquí para allá, mascullando por lo bajo y clavándole puñales a su hermana. ¡Qué divertido!

Si mi esposo o mi hija adolescente no está haciendo lo que debiera y yo lo hago todo con tal de mantener la relación, mis acciones distorsionan el plan original de Dios para la comunidad. Cuando la gente funciona apropiadamente según el diseño de Dios, la verdad está presente y las relaciones están llenas de «amor, alegría, paz, paciencia, amabilidad, bondad, fidelidad, humildad y dominio propio» (Gálatas 5:22-23). Cuando la sobreocupación y la subocupación están presentes, las relaciones quedan marcadas por la disensión, el conflicto, la culpa, la impotencia, el enojo y la desesperación.

El escritor Ed Freidman describe el impacto negativo en las relaciones si funcionamos de esta manera: «Cuando uno se sobreocupa en lugar de alguien más, puede causar la desintegración del otro ser»[3]. Me gusta la palabra *desintegración* porque se refiere a inhibir el crecimiento y la maduración del sentido de la individualidad dado por Dios de la otra persona. Los que se ocupan de más, en realidad creen que saben lo que es mejor para todos. Al hacerlo, invaden y limitan el desarrollo de los demás.

Esto ocurre cuando un padre de un adolescente de catorce años toma las decisiones por él para protegerlo del mundo. El padre —o la madre— le organiza el tiempo libre, decide las actividades extracurriculares, le elije la ropa y tal vez hasta le consigue amistades. Los hijos adultos están atrofiados en el crecimiento cuando viven en casa sin contribuir emocional o económicamente. Los empleadores desestiman la iniciativa y la creatividad cuando se apresuran a rescatar a sus empleados en vez de permitir que luchen con sus problemas. Los líderes y miembros de la iglesia que siempre sirven y llenan los espacios vacíos para los voluntarios, sin mostrar sus propias limitaciones y debilidades, refuerzan en los demás la actitud de no hacer nada.

Una comunidad saludable requiere que los individuos se hagan responsables de una manera apropiada a su edad, la etapa de su vida, sus dones y capacidades. Es improbable que aquellos que no hacen nada den el primer paso. Por esta razón, los que lo hacen todo tienen que enfrentarse a sí mismos primero. Recién ahí nace la posibilidad de que los que no hacen las cosas también se sumen a este peregrinaje que cambiará sus vidas y les proporcionará la madurez necesaria en lo espiritual y emocional.

Si eres una persona sobreocupada, quizás no puedas hacer que los subocupados sean más responsables, pero sí puedes volverte menos responsable tú. Como mínimo, tu comunidad funcionará de una forma más auténtica, con menos frustración, cansancio y enojo, y sin el distanciamiento que a menudo acompaña a la actitud de rescatar y resolver los problemas de todo el mundo.

Libérate de la sobreocupación

Dejar de ocuparse demasiado es algo que se dice más fácil de lo que se hace. Los patrones de relaciones que creamos muchas veces son rígidos y perdurables. En nuestras propias familias, aprendemos a sobreocuparnos por observación y ósmosis, de manera que la resistencia a liberarnos será profunda, tanto desde adentro como desde afuera.

Tendemos a no ver que tenemos problemas porque solo estamos tratando de ser útiles. El cambio puede ser muy difícil y producirnos ansiedad. Permanecer en calma cuando dejas de ocuparte demasiado requiere que estés firme durante estas cuatro fases: admite que estás sobreocupada, desata el terremoto, prepárate para el caos y mantente firme. Cada una de estas fases nos empuja a un nivel más profundo de madurez en nuestra relación con Dios, los demás y nosotros mismos.

Admite que estás sobreocupada

La sobreocupación viene en muchas formas y colores. Puede variar desde coser un botón en la camisa de tu esposo cuando él mismo puede hacerlo hasta sacar de apuros una y otra vez a tu hijo adulto. Necesitas discernir tus señales de advertencia personales. Una cosa que me avisa cuando estoy pasándome de la raya es que comienzo a creer que todo se derrumbará si no hago lo necesario.

Yo era una mamá que estaba en el hogar mientras mis hijas eran pequeñas, pero también trabajaba medio tiempo fuera de casa durante las horas de escuela. Un año consideré aceptar un trabajo en la YMCA local, trabajando en el área de recreación, algo que me encanta hacer. El horario era de tres a seis de la tarde, tres días por semana.

De inmediato varios obstáculos importantes afloraron en mi mente. ¿Cómo podía perturbar la vida de mi marido? Él ya estaba bajo mucha presión. Pete tendría que reorganizar su agenda para pasar a recoger a las niñas en la escuela, llevarlas a sus actividades extraescolares y preparar la cena. Sabía que él podía hacerlo, solo no estaba segura de si querría... ¡en especial tres veces por semana! También esperaba que mis hijas comenzaran a pelear si yo alteraba su rutina predecible de cada tarde.

Toda clase de pensamientos vinieron mi mente.

- «¡Nadie puede cuidarlas como yo!»
- «Arruinaré la vida de Pete. Esto va a causarle un gran estrés».

- «Las niñas sufrirán. Las cosas se van a desorganizar. Él siempre llega tarde a todas partes. Van a estar muy ansiosas».

- «Todo se desplomará si hago esto».

Ese último pensamiento fue como un rayo de electricidad que me llevó de nuevo a la realidad y me ayudó a reconocer que estaba cayendo en la hiperactividad. Ahí supe que tenía que aceptar ese empleo a pesar de las consecuencias. Pete y las niñas tendrían que adaptarse. Esta era mi oportunidad de dejar de sobreocuparme y comenzar a hacer algo que disfrutara a la vez que contribuía con los ingresos de la familia.

Sabes que estás cruzando la línea que te conduce a la sobreactividad cuando te escuchas diciendo cosas como: «No celebraremos Navidad en familia a menos que lo organice todo» o «Soy la única que puede hacerlo bien» o «Es más fácil si lo hago yo misma» o «Tengo temor a que reaccionen si les digo que hagan más cosas». Y es esta comprensión la que te prepara para la siguiente fase: desatar el terremoto.

Desata el terremoto

Introducir cambios a un sistema de relaciones es como desatar un terremoto: esto golpea a todos y a todo lo que toca y hasta puede derribar estructuras de larga data. Tal cambio es similar a reclamar, descubrir y vivir tu integridad personal. Reconoces que estás sobreocupada y que ahora estás lista para romper con el status quo. Las reglas de tu relación están a punto de sufrir un cambio. Ya el asunto no es más como era antes. No se trata de decirle a los demás lo que tienen que hacer, sino de decirte a ti misma lo que *tú* vas a hacer o no.

Pocas cosas provocan tanta ansiedad como cambiar el balance en una relación. La persona que no hace las cosas siente una ansiedad creciente y a menudo contraataca para restablecer el desequilibrio original perjudicial. Este momento es el que ofrece mayores posibilidades para las partes involucradas de cruzar el umbral hacia un tiempo acelerado de madurez emocional y espiritual en Cristo.

El tamaño del terremoto depende del nivel de madurez de las partes, la historia de la relación y la voluntad de aprovechar la ayuda externa si fuera necesario. Sin embargo, cuando al principio dejas de hacer las cosas, incluso algo pequeño, puede percibirse como un cataclismo.

Después de procesar mis pensamientos con respecto a aceptar el empleo en YMCA, le comenté a Pete sobre el trabajo y lo mucho que me gustaría acceder al ofrecimiento. Estaba preparada para que él dijera que no estaba dispuesto a perturbar su vida de esa manera. En ese caso, mi plan B era buscar a una persona que nos ayudara con el cuidado de las niñas. Afortunadamente, él accedió, si bien un poco reticente al principio, a los cambios que este nuevo empleo requerirían.

Esa tarde les informamos a las niñas sobre el cambio. Ellas se quejaron más de lo que esperaba. «Papá se olvidará de pasarnos a buscar. Nunca llegaremos al entrenamiento de fútbol en hora». Pete era conocido por su distracción, así que ellas estaban nerviosas con justificación.

«Siempre está hablando por teléfono», protestaron. «Papi no sabe cuidarnos tan bien como tú».

En este punto no estaba segura de si todo saldría bien, pero me sobrepuse a mis dudas.

Prepárate para el caos

Cuando distinguimos y abandonamos nuestras viejas conductas y formas de vida, siempre podemos esperar venganza de parte de los que están cerca de nosotros. «Vuelve a ser como antes» o «Ni se te ocurra» pueden ser las palabras que vas a escuchar. El caos significa que el sistema relacional ahora está operando de maneras impredecibles. Todavía no he visto que alguien deja de sobreocuparse —haciendo un cambio interior al volcarse a su verdadero yo en Cristo— sin que al menos una o dos personas de su entorno se irriten.

Cuando comencé a trabajar no sabía lo que iba a ocurrir en la dinámica de nuestra familia. Me preparé para lo desconocido. Sabía que era vital que pudiera tolerar la incomodidad y tuviera siempre presente por qué había sido importante para mí aceptar este trabajo. Mi decisión cambió un patrón cimentado durante diez años de matrimonio. Aunque sabía que era una buena decisión, luché con la culpa.

Durante las primeras semanas en mi nuevo trabajo, me inundaba la ansiedad cada día a las tres de la tarde, preguntándome si Pete se habría acordado de pasar a buscar a las niñas en la escuela. Me las imaginaba solitas esperando en el patio del colegio. «¿Qué estaba pensando?», me reprendía. «Esto fue una mala idea». Sentía un nudo en el estómago. Mi mente corría por cientos de escenarios impensables.

Luego me calmaba y me recordaba a mí misma que la escuela no dejaría que una niña de seis y una de nueve anduvieran solas por las calles de Nueva York. Las autoridades de la escuela llamarían a Pete para que fuera a recogerlas. La verdad es que se le olvidó un par de veces. Así que las niñas permanecieron en la oficina del director esperando. Él tuvo que lidiar con el enojo de nuestras hijas. Luego Pete tuvo conflictos de horarios por causa del trabajo. Me pidió que yo lo supliera. No acepté. Nuestro acuerdo era que él encontraría su reemplazo si tenía un conflicto con los horarios. Fue difícil para mí no resolverle el problema.

También le resultó difícil no olvidarse de que estaba encargado de la cena. Más de una vez en esos primeros meses llegué a casa para encontrar a un puñado de niñas hambrientas y ofuscadas. «No nos gusta que papá esté al mando», gritaban. «Mami, tienes que dejar de trabajar y volver a casa». Las dejaba que expresaran sus sentimientos, pero no abandoné mi trabajo. Les aseguré que esta decisión redundaría en beneficio de todos a la larga.

Seguí firme en ese rumbo. Ellos pronto se adaptaron maravillosamente.

Mantente firme

Los patrones relacionales arraigados son fuertes. Puedes esperar resistencia cuando decides dejar de ocuparte de todo. El objetivo de esta fase es que te mantengas con firmeza en tu decisión, ya que los demás no están acostumbrados a verte en tu nuevo rol. La incomodidad se extiende a todos los que te rodean. Concede un tiempo a fin de que las percepciones de la gente con respecto a ti y a los demás cambien.

Por ejemplo, antes de aceptar el empleo me consideraba alguien indispensable. A medida que el tiempo pasaba se hizo evidente que no lo era. Las niñas no me necesitaban de forma permanente. Pronto se dieron cuenta: «¡Vaya, mami tiene su propia vida aparte de nosotros!». Una de mis hijas comentó de manera casual: «Oye, ¿quién hubiera pensado que papi podía manejar la casa tan bien?».

Lentamente nuestra familia se acomodó a los nuevos ritmos. Pete llegó a disfrutar de la nueva experiencia de permanecer con sus hijas por las tardes. Sin interferencias de mi parte, descubrió que tenía su propio estilo de paternidad. Esto marcó el comienzo de una etapa de copaternidad en la crianza de nuestras hijas. Y lo sorprendente es que no solo a mí, sino también a él le encantó.

Nuestras hijas además se beneficiaron al pasar más tiempo con su padre. En realidad, con el tiempo llegaron a disfrutar su estilo más que el mío. Lo encuentran más relajado y flexible. Ahora dicen: «¿Cuándo te vas de viaje mamá?».

Yo también aprendí a relajarme y disfrutar de nuestro nuevo ritmo. De veras me encanta no ser indispensable. Mi familia no me necesitaba para que todo estuviera en orden. Aprecié lo que las niñas estaban recibiendo emocional, mental, física y espiritualmente como resultado de estar con Pete. La cocina nunca llegó a ser su fuerte, pero no me importa siempre y cuando no tenga que cocinar esas noches.

Navegar a través de este cambio nos dio una especie de patrón para muchos otros cambios que vendrían en nuestro futuro. Hemos aprendido a movernos como equipo con roles flexibles que no lleguen a quedar establecidos con el correr del tiempo. Discutimos y acordamos cada cambio que realizamos.

Estoy convencida de que si debido a mi sobreocupación impido el crecimiento de alguien, lo estoy dañando. Amar y servir bien a los demás por la causa de Cristo exige que discernamos si estamos haciendo algo que ellos pueden y deben hacer por sí mismos. Nuestros temores y ansiedades nos empujan con fuerza a volver a ser como antes, en especial ante la resistencia. No obstante, es de vital importancia que les demos tiempo a las personas para absorber los cambios que están ocurriendo a su alrededor. Podemos querer hacer algo, no porque sea lo mejor, sino simplemente porque carecemos de la madurez para sentarnos y esperar.

Escoge un área de tu vida en la que estés sobreocupada. Puede tratarse del trabajo, el matrimonio, una amistad, nuestra paternidad/maternidad, la iglesia, la escuela. Dedica unos minutos a repasar las cuatro fases:

- Admite que estás sobreocupada
- Desata el terremoto
- Prepárate para el caos
- Mantente firme

¿Cuál sería el siguiente paso práctico para ti hoy? Preséntaselo a Dios, pidiéndole al Espíritu Santo que te aconseje y te dé valor. Considera la posibilidad de hablar con un mentor o una amiga madura. Luego avanza según lo que Dios te revele.

Cuando estés lista para dejar de sobreocuparte, abre la puerta hacia el próximo «Dejo de»: Deja el pensamiento erróneo.

En este nuevo capítulo exploraremos las implicaciones a largo alcance de lo que significa dejar de creer que algo es verdad cuando no lo es. Como veremos, abandonar el pensamiento errado nos lleva a explorar los obstáculos mucho más profundos que yacen bajo los icebergs de nuestras vidas, los cuales impiden experimentar una mayor libertad en Cristo.

7

Deja el pensamiento
erróneo

Hace seiscientos años la gente creía que la tierra era plana. Las personas tenían miedo de lanzarse al océano por miedo a caerse de la tierra.

Por doscientos años un proceso llamado «sangría», que consistía en extraer grandes cantidades de sangre, se usaba para tratar casi todas las enfermedades, desde el cáncer y la indigestión hasta la neumonía.

Durante la mayor parte de la historia de los Estados Unidos, los aborígenes estadounidenses y los afroamericanos eran considerados inferiores, ciudadanos de segunda clase.

Hace menos de cien años atrás las mujeres no tenían derecho a votar. La actividad intelectual de las mujeres era considerada injuriosa para su «delicada» biología femenina.

Tan recientemente como en el año 1900, al menos el noventa y nueve por ciento de la población creía que «los seres humanos nunca volarían». Aun en 1960, la mayoría de la gente creía que una persona nunca podría llegar a caminar sobre la luna.

Tal vez ya te imaginas lo que voy a decir a continuación. Todas estas suposiciones eran erróneas. Mortalmente erróneas. Cuando menos, las creencias equivocadas limitan de forma seria nuestra habilidad para experimentar la vida y avanzar hacia el futuro como Dios lo planeó. En el peor de los casos, el pensamiento erróneo destruye vidas y civilizaciones.

El pensamiento erróneo implica una amenaza mortal a la salud emocional y espiritual.

El pensamiento erróneo tiene lugar cuando creemos que algo es cierto, pero resulta falso. Como una vez Mark Twain dijera: «No es lo que no sabes lo que te daña; es lo que sabes pero no es así».

El pensamiento erróneo implica una amenaza mortal a la salud emocional y espiritual. Puede…

- hundirte en indefensión.
- paralizarte en la desesperanza.
- llenarte de una culpa falsa.
- apartarte de una vida gozosa.
- oscurecer tu esperanza del futuro.
- disminuir tu capacidad para establecer relaciones genuinas.
- encerrarte en un dolor innecesario.
- limitar tu potencial en Cristo.

También resulta contagioso y puede llegar a propagarse. Esto hace que el pensamiento erróneo sea aun más peligroso, porque opera mayormente más allá de nuestra conciencia. ¡Erradicar esta enfermedad letal requiere una cirugía tan radical que casi puede compararse a un trasplante de cerebro!

Mi larga jornada para escapar del pensamiento erróneo

Cuando Pete y yo comenzamos la iglesia, ambos sufrimos de casos agudos de pensamiento erróneo en varias áreas, incluyendo el matrimonio, la crianza de nuestras hijas, el ministerio y la vida espiritual.

Nuestra comprensión de lo que es una comunidad cristiana fue una de las áreas en particular que se vio atrapada en las garras del pensamiento erróneo. Cuando comenzamos la iglesia, había varias familias jóvenes. Para combatir la soledad y la falta de conexión que afecta a los grandes centros urbanos como Nueva York, todos nos mudamos al mismo vecindario a fin de formar una comunidad de manera intencional. ¡Por cierto, no solo vivíamos en el mismo vecindario, sino que nuestras casas estaban pegadas unas a las otras!

Pete y yo teníamos un «apartamento ferroviario», lo que significa que las habitaciones eran contiguas desde la parte delantera hasta la trasera de la casa. En otras palabras, no había pasillos separadores; tenías que pasar por una habitación para llegar a la otra. Como nuestra habitación también servía de pasillo hacia la parte trasera, al organizar las comidas de la iglesia la gente tenía que desfilar a través de nuestra habitación para llegar al fondo. Esto no me emocionaba mucho, pero lo toleraba por causa de la comunidad.

Tuvimos muchas experiencias divertidas y significativas juntos durante esos primeros años en que Dios comenzaba a dar a luz algo nuevo y excitante. Buscábamos pasar tiempo juntos, criar a nuestros hijos juntos y compartir las metas juntos. Eso significaba un montón de unidad… ¡un montón!

Como comunidad, no obstante, nos vimos afectados por tres factores primordiales. El *primero* era que no sabíamos respetar las diferencias mutuas. Durante años me sentí culpable por mi necesidad de belleza y espacio. Cuando nos mudamos, ocho años más tarde, me sentí en falta por haber deseado mudarme de nuestro pequeño apartamento a una vivienda unifamiliar en un vecindario distinto en Queens. La ironía es que yo misma juzgaba a otra familia cuando ellos elegían reubicarse en un lugar más suburbano y tranquilo. No solo no entendíamos lo que era una separación y unidad saludables, sino que tampoco teníamos mucho espacio para permitir la complejidad, la ambigüedad y las preguntas.

Nuestro *segundo* mayor problema fue la creencia de que las amistades íntimas no solo podían, sino también *debían ser siempre* las personas de tu iglesia. Las iglesias brindan un contexto adorable para las amistades íntimas, pero eso es muy diferente a la creencia errónea de que una iglesia saludable *siempre* equivale a amistades íntimas. Las iglesias como comunidades sirven para muchos propósitos. Tenemos una misión en común, valores en común y una adoración en común, por nombrar algunas cosas. Para algunos, la comunidad de la iglesia será una fuente primaria de amistades cercanas. Para otros no.

Debido a nuestro pensamiento erróneo de que comunidad significaba amistad íntima, Pete y yo nos hicimos muy amigos de las mismas personas que empleábamos, pastoreábamos, aconsejábamos y guiábamos espiritualmente. Él era el pastor principal y el líder espiritual de nuestra iglesia. En algunos momentos también era el supervisor y jefe de más de uno de nuestros amigos. Y yo era muchas veces la líder de equipo y mentora de muchas de esas mismas amistades.

El problema surgía cuando teníamos que separar nuestra amistad informal de esos otros roles más formales. Inevitablemente la amistad —para nosotros o nuestros amigos— recibía un impacto negativo. A continuación venían las relaciones resentidas y los sentimientos heridos.

Nos llevó muchos años —y los consejos de algunos mentores sabios— descubrir el pensamiento erróneo de que una comunidad genuina *siempre* equivale a amistades íntimas. Lo que aprendimos es que resulta más acertado decir que las amistades profundas se desarrollan en iglesias y comunidades saludables, y esto es algo que debe celebrarse y alentarse. El problema surge con la palabra *siempre*.

Ahora estoy mucho más consciente de la fragilidad y el peligro de los roles duales, en especial cuando uno tiene un rol de liderazgo prominente en el contexto de una iglesia. Al desempeñar una función dual, soy tanto una empleadora como una amiga, o tu pastora y amiga. Los roles duales no necesariamente son malos o inadecuados, aunque a veces pueden serlo, sino que resultan complejos y requieren una gran madurez de ambas partes para poder sortearlos bien[1].

Nuestro *tercer* mayor problema fue creer que podíamos vivir en una comunidad íntima y saludable sin aprender algunas habilidades sanas de suma importancia, tales como escuchar con madurez, hablar con sinceridad y resolver los conflictos. No teníamos la capacidad para lidiar con los conflictos conyugales que se desbordaban a otros contextos, los estallidos de ira o la frustración en lugares inadecuados, los resentimientos no confesados y las expectativas diferentes. No nos conocíamos lo suficientemente bien. ¿Cómo íbamos a hablar de una forma apropiada con los otros?

He destacado algunas de las áreas de mi propio pensamiento erróneo que tenían que ver con el tema de la comunidad, pero existen innumerables maneras en las que nos sumimos en un pensamiento erróneo en nuestras vidas. Cada una tiene grandes implicaciones y consecuencias sobre cómo vivimos nuestra fe en Jesucristo en el trabajo, la familia y la iglesia.

Tres tipos de pensamiento erróneo

En su libro titulado *Hand-Me-Down Blues* [Blues para compartir], el psicólogo Michael Yapko resume los tres tipos principales de pensamiento erróneo que distorsionan la manera en que vemos la vida:

1. El pensamiento de todo-o-nada.

2. El pensamiento de tomar las cosas como algo personal.

3. El pensamiento de que las cosas nunca cambiarán.

Estas tres formas jugaron un papel en la confusión y el dolor que experimenté al edificar la comunidad de la Iglesia Nueva Vida. Sin embargo, sus aplicaciones, como veremos, se extienden a cada área de nuestra vida.

Rara vez se habla de estas distorsiones en nuestras iglesias o se enseñan en la formación espiritual o el entrenamiento para el discipulado. No obstante, cuando elegimos dejar estas pocas distorsiones simples pero destructivas, nos deshacemos de la impotencia, la desesperanza, la falsa culpa y el dolor innecesario en que estamos varados. Llevamos a la práctica la promesa de Dios: «Pues Dios no nos ha dado un espíritu de timidez, sino de poder, de amor y de dominio propio» (2 Timoteo 1:7). Con estas herramientas recibimos poder para avanzar hacia el futuro que Dios tiene para nosotros.

Pensamiento erróneo 1: Todo-o-nada

El pensamiento todo-o-nada exagera; hace las cosas mucho más grandes de lo que son. Cuando un aspecto de la vida no marcha bien, este pensamiento globaliza la experiencia de modo que ella caracteriza todo lo demás en nuestra vida. Este patrón interpreta las circunstancias y los acontecimientos en blanco y negro. Hay poco lugar para el gris en la vida, para los matices, para hacer las finas distinciones que conforman gran parte de nuestra vida. El pensamiento de todo-o-nada ve el bosque, pero no distingue los árboles. Por ejemplo:

- Una entrevista laboral no marcha bien y tú piensas: «Soy una perdedora».

- Una experiencia mala con una persona que alega ser cristiana te lleva a la conclusión de que todos los cristianos son unos hipócritas.

- Sacas una nota promedio en un examen y decides que eres un fracaso.

- Compras un automóvil que es una porquería y resuelves: «Nunca encontraré un auto bueno».

- Tu paciencia se debilita después de un fin de semana largo y piensas: «Soy una mala madre porque le grité a mis hijos».

- La charla la otra noche en el grupo pequeño resultó forzada e incómoda. Llegas a pensar: «Soy una mala líder porque no pude guiar un buen debate anoche».

- Después de planificar una salida especial con tu esposo, un mozo rudo e inepto te arruina la cena y todo lo que puedes pensar es: «¡Toda la salida fue un desastre!».

Observamos al personaje bíblico Jacob sufriendo de un caso típico de pensamiento todo-o-nada cuando exclama: «¡Ustedes me van a dejar sin hijos! José ya no está con nosotros, Simeón tampoco está aquí, ¡y ahora se quieren llevar a Benjamín! ¡Todo esto me perjudica!» (Génesis 42:36). Otras cosas buenas estaban ocurriendo en la vida de Jacob, pero él no podía verlas. Cuando esta única cosa andaba mal, *todo*, según él, resultaba horrible. Él creía que su hijo José estaba muerto, aunque eso era solo un error. Y ahora pensaba que dos hijos más se iban a perder.

Su preocupación resultaba válida, pero su pensamiento global de que «todo está en mi contra» no era real. Él no podía ver las muchas formas en que Dios lo había bendecido y que estaba a punto de bendecirlo grandemente. No fue capaz de discernir que Dios estaba poniendo en marcha un plan mayor y de largo alcance a fin de salvar a su familia del hambre llevándolos a Egipto. A su debido tiempo, su familia establecería las bases de la nación de Israel, de la cual procedería la salvación para el mundo.

Nuestro pensamiento de todo-o-nada es una tragedia. Creemos algo que no es cierto y luego se lo transmitimos a los que nos rodean. A eso me llevó mi pensamiento de todo-o-nada sobre la comunidad. Creía erróneamente que la comunidad bíblica solo podía verse de una manera. Me convencí de que no tenía otra opción y me dejé abrumar. Como consecuencia, me encontré en una depresión que había nacido de un sentido de desesperanza e impotencia.

Considera los siguientes ejemplos de una distorsión corregida:

Pensamiento erróneo	Pensamiento correcto
Mi jefe nunca cambiará.	*Si Dios puede cambiarme, puede cambiar a mi jefe. También puedo llevar adelante nuevas estrategias para relacionarme con mi jefe, las cuales pueden ayudar a que nos llevemos mejor.*
Todo el servicio de la iglesia se estropeó cuando sonó ese celular durante el mensaje.	*Me sentí irritada cuando ese celular sonó, pero hubo muchas otras cosas del servicio —la adoración, el mensaje, la fraternidad después— que estuvieron fantásticas.*

Pensamiento erróneo	Pensamiento correcto
No se puede confiar en los hombres.	Una vez un hombre me traicionó, pero conozco a otros hombres que son fieles y confiables.
Soy un perdedor porque ella me dejó.	He aprendido algunas cosas útiles del doloroso final de esta relación. Y soy exitoso en otras áreas de mi vida: mi estado físico, el trabajo, las relaciones con mi familia y mi vida espiritual.
Los abogados son engañosos.	Hay algunos abogados deshonestos y otros muy buenos.
Ella se queja de todo.	Algunos aspectos de su vida resultan difíciles, pero ella no se queja de su trabajo, su apariencia o sus padres.
Me siento totalmente estresada.	Estoy estresada ante la posibilidad de no aprobar un examen en la facultad. Sin embargo, muchas otras áreas de mi vida no son estresantes: mis relaciones, la iglesia, mis finanzas y mi buena salud.

Cuando nuestras declaraciones incluyen palabras como siempre, todo, todos o nunca, por lo general estas son alertas de que estamos incurriendo en el pensamiento de todo-o-nada. Un simple cambio de palabras puede crear un gran cambio en nosotros y permitirnos reformular la situación de manera diferente.

Cada vez que nos involucramos en este tipo de pensamiento, con toda facilidad nos perdemos las maneras en que Dios se muestra en nuestra vida. Natanael, cuando oyó que el Mesías era de la pequeña ciudad de Nazaret, replicó: «¡De Nazaret! [...] ¿Acaso de allí puede salir algo bueno?» (Juan 1:46). Él hizo un juicio errado basado en un estereotipo. Jesús no lo tomó como algo personal o se puso a la defensiva. Más bien corrigió la distorsión inmadura de Natanael y lo invitó a seguirlo y abrir sus ojos a muchas cosas mayores en el futuro.

> *Cada vez que nos involucramos en el pensamiento de todo-o-nada, con toda facilidad nos perdemos las maneras en que Dios se muestra en nuestra vida.*

Pensamiento erróneo 2: Tomar las cosas de manera personal

Tomamos las cosas a un nivel personal cuando nos ofendemos, asumimos la responsabilidad o culpamos por algo antes de tener toda la información. Somos propensos a ignorar la ambigüedad de la mayoría de las situaciones y nos precipitamos a una interpretación negativa de los hechos. No obstante, en la mayoría de los casos, nuestra interpretación no está basada en la realidad, sino en historias que nos inventamos nosotros mismos. Por ejemplo:

- Una amiga llega tarde a nuestro almuerzo. Ella no me respeta.

- No tuve un gran aumento este año. Ellos deben creer que estoy haciendo un mal trabajo.

- No me pidieron que asumiera una posición de liderazgo. El pastor debe creer que yo no tengo los dones necesarios.

- No obtuve el empleo que necesitaba con tanta desesperación. Debo ser un mal entrevistador.

- Mi nombre no estuvo en los créditos de la obra de Navidad. Deben haber considerado que mi contribución
no fue importante.

Cuando hacemos una interpretación negativa porque no tenemos todos los datos, nos sometemos a mucha angustia innecesaria.
Esto causa estragos en nuestras relaciones, dejándonos como víctimas o acusadores irresponsables. Resulta sencillo acumular una
bolsa de resentimientos basados en algo que no es verdad.

Recuerdo una ocasión en que me enojé y lastimé porque no
me invitaron a una comida, aunque escuché decir que «un grupo
entero de amigos había ido». Lo tomé de forma personal y me dije
que no les importaba a estas personas. En realidad se había tratado
de un almuerzo espontáneo que simplemente se dio después de
que yo ya me había retirado. No se hicieron invitaciones formales
aparte de: «Oigan, vayamos a comer». Me sentí ofendida por algo
que había sido una ilusión. Desperdicié energía quejándome por
una cosa que ni siquiera había sido cierta.

El noveno mandamiento dice: «No des falso testimonio en contra de tu prójimo» (Éxodo 20:16). Sin embargo, quebrantamos ese
mandamiento cuando nos precipitamos a sacar conclusiones sobre
otras personas que probablemente no sean verdad. Nuestros resentimientos a menudo se convierten después en culpa por nuestra incapacidad de perdonarlos. ¡Y nos preguntamos por qué gran parte
de nuestra espiritualidad y vida comunitaria resulta tan complicada
y enredada!

En una situación dada, hay muchas razones posibles por las que
ocurren las cosas en la forma en que se dan... ¡y es muy probable
que ninguna de ellas tenga que ver contigo! Mira algunos ejemplos
del siguiente cuadro.

Pensamiento erróneo	Pensamiento correcto
Él no me devolvió la llamada o contestó mi correo electrónico. Debe estar enojado conmigo.	*Quizás no haya recibido los mensajes. Puede haber estado apurado y no tuvo tiempo. Debe haberse olvidado o se distrajo con otras preocupaciones.*
No me invitaron a almorzar con el grupo en el trabajo. No me quieren.	*Tal vez tienen un almuerzo de trabajo que tiene que ver con su proyecto. Quizás tengan razones para no invitarme y está bien. Son libres de elegir.*
Juan no me saludó en la iglesia hoy. Me está evitando.	*Juan debe haber estado distraído o concentrado en otra cosa y no me vio.*
No obtuve el empleo. No tengo la habilidad de conseguir un trabajo en el mercado de hoy.	*No obtuve ese trabajo en particular. Como entrevistaron también al sobrino del jefe, probablemente él obtenga el puesto. Yo puedo recibir el entrenamiento necesario para conseguir un empleo en el mercado actual.*
Susana estuvo callada en el grupo pequeño que yo lidero. Creo que no le gusta mi liderazgo.	*Susana debe haber estado muy cansada o preocupada con algún problema que todavía no está lista para contar.*

Muchas cosas en la vida son ambiguas y están sujetas a una interpretación amplia. Cuando hacemos juicios apresurados e impulsivos, a menudo están equivocados.

María, la madre de Jesús, es un ejemplo notable de alguien que no se tomó las cosas de manera personal. Resulta bastante conmovedor observar su aparente falta de resentimiento hacia José después que él planeó dejarla en secreto. Hasta donde yo sé, ella no tuvo palabras rudas para el dueño de la posada que no le hizo un lugar aunque estaba embarazada de nueve meses. Más tarde, cuando llegó el momento de consagrar al bebé Jesús en el templo, Simeón le informó: «En cuanto a ti, una espada te atravesará el alma» (Lucas 2:35). En vez de ofenderse o resentirse por las duras palabras de este anciano, María meditó y las atesoró en su corazón (Lucas 2:48-51).

No sabemos lo que estaba pensando, pero bien pudo haberse convencido a sí misma: «Debe haber algo mal conmigo» o «Debe haber algo malo con esta gente que me rodea». Ella parece evitar mucho el inventarse historias negativas acerca de los demás cuando no entiende sus acciones. Su habilidad de no tomar las cosas de forma personal es, tal vez, uno de los grandes secretos de su espiritualidad.

Su relación con Dios al parecer protegía su corazón de catalogar a los otros como «buenos» o «malos» por la forma en que la trataran o le hablaran. Ella no se vengó cuando fue incomprendida. No observamos a María bebiendo el veneno espiritual de malinterpretar las acciones de los demás. Del mismo modo, cuando no tomamos las cosas a título personal, abrimos una senda hacia —y a la vez damos señal de— una espiritualidad genuina.

Pensamiento erróneo 3: Las cosas nunca cambiarán

Esta dañina línea de pensamiento se relaciona con nuestra visión del futuro. Si crees que las cosas nunca cambiarán, permanecerás profundamente anclado en el pasado. Cuando supones que tú, otros o una situación puede cambiar, tienes la energía para dedicarte a realizar los cambios.

Considera cómo tu familia de origen se relacionaba con las situaciones desafiantes y las dificultades. Es probable que las manejes de una manera similar. Cuando nos enrolamos en el pensamiento erróneo de que las cosas nunca cambiarán, tenemos ideas como estas:

- Nunca tendré una buena relación.
- Nuestra familia siempre será disfuncional.
- Nunca seré feliz siempre y cuando esté soltera.
- Nunca encontraremos otro maestro tan bueno como el pastor Smith.
- No seré feliz jamás en esta familia.
- Nuestro hijo siempre será un niño difícil.
- Nunca tendré amigos.

El rey Saúl y su ejército creían que las cosas nunca cambiarían, que siempre serían incapaces de vencer al poderoso Goliat y al ejército filisteo. Estaban equivocados. Dios usó a David, un joven pastor de ovejas con una perspectiva divina y una nueva estrategia para cambiar las cosas. El apóstol Pedro creía que las cosas nunca cambiarían. Como judío creyente jamás entraba a la casa de un gentil. Tenía una creencia errónea de que los judíos y los gentiles debían continuar separados cuando la iglesia comenzara a crecer. Sin embargo, Dios le mostró a Pedro mediante una visión que eso podía cambiar (Hechos 10—11). Los discípulos creían que las cosas nunca iban a cambiar después que Jesús fue crucificado y sepultado. Estaban equivocados. Jesús resucitó y envió al Espíritu Santo en Pentecostés para dar inicio a un crecimiento global e internacional de la iglesia que incluía a millares.

El pasado no tiene por qué predecir el futuro. Las cosas pueden cambiar para mejor. El futuro no tiene que traer más de lo mismo. Podemos cambiar. Considera los ejemplos del cuadro.

Pensamiento erróneo	Pensamiento correcto
Nunca tendré una relación saludable con el sexo opuesto.	Puedo aprender las habilidades necesarias para las relaciones exitosas con el sexo opuesto. El pasado no necesariamente tiene que ser el futuro.
Mi jefe nunca me entiende.	Puedo intentar acercarme a mi jefe de otras maneras. El pasado no necesariamente tiene que ser el futuro.
Nuestro matrimonio siempre será difícil.	Puedo buscar la ayuda y el asesoramiento necesarios para que mi matrimonio sea placentero. El pasado no necesariamente tiene que ser el futuro.
Mi hijo siempre será alguien difícil por su discapacidad de aprendizaje.	Puedo aprender formas de tratar con las dificultades de mi hijo que pueden mejorar nuestra relación. El pasado no necesariamente tiene que ser el futuro.
Nunca encontraremos una casa que podamos pagar.	Con tiempo, paciencia, buena administración y oración, encontraremos una casa, tal vez en una ubicación distinta, o podemos adaptar nuestros requisitos. Nuestro futuro no está limitado a nuestra experiencia pasada en la búsqueda de una casa.

Durante años temí que nuestra iglesia nunca cambiaría. Los conflictos y las crisis —según creía— siempre afectarían de manera negativa nuestra calidad de vida. Aun en la actualidad a veces tengo una reacción visceral cuando escucho que hay «problemas en la iglesia». Dios no me sacó de la iglesia, pero me cambió a mí —y a la iglesia— conduciéndonos hacia una mayor plenitud y santidad. Aprendí y sigo aprendiendo a derrotar el pensamiento erróneo de que las cosas nunca cambiarán.

Tu futuro puede ser mejor que todo lo que hayas experimentado antes. El futuro no tiene que incluir los mismos patrones dañinos del pasado. Toma la energía que has invertido en pensar y cavilar innecesariamente sobre el pasado y empléala en efectuar cambios hacia el futuro.

Derriba la pared del pensamiento erróneo

Abandonar el pensamiento erróneo exige lo mejor de ti. Yo lo describo como «derribar la pared» porque es una destreza desafiante y va contra la razón. Fue recién en los últimos años que empecé a enfocarme, como parte de mi formación en Cristo, en el pensamiento erróneo. Al hacerlo, surgieron tres principios claves para formar la base alrededor de la cual he derribado esta pared en particular:

1. Discierne cuándo *no* debes seguir tus sentimientos.
2. Deja de leer la mente.
3. Haz algo diferente.

Para lograr una victoria a largo plazo en esta área, ya sea con un compañero de trabajo, un amigo, tu cónyuge, padre o hijo, debes comprometerte con las tres prácticas.

Discierne cuándo no debes seguir tus sentimientos

Como dijimos en el capítulo 3, las Escrituras nos muestran a Dios como un ser emocional que siente. Dios es una persona. Habiendo sido creados a su imagen, nosotros también tenemos la habilidad de sentir emociones. Aprender a escuchar mis sentimientos y seguirlos —cuando es apropiado hacerlo— revolucionó mi vida en Cristo y en definitiva me ayudó a descubrir los «Dejo de» que menciono en este libro. Sin embargo, hay un tiempo y lugar para no seguir nuestros sentimientos, ya que ellos pueden hacernos descarriar. Consideremos unos pocos ejemplos.

Una amiga no responde a tu mensaje o llamada por tres días. Te pones muy mal y te preguntas qué hiciste o dijiste que pudiera haberla ofendido. Te sientes igual que cuando tu madre se alejaba de ti siempre que hacías algo malo. Duermes mal, cavilando sobre algunas posibilidades negativas.

Estás en una reunión en el trabajo y alguien disiente de manera agresiva con el facilitador de la reunión. Cuando la tensión se apodera de la sala, te pones muy nerviosa y quieres salir corriendo. No puedes participar del resto de la reunión. Te sientes muy similar a cuando había tensión sin resolver en la mesa familiar entre tus padres cuando eras una niña.

Tu esposo dice que llegará a casa a las siete de la noche, pero no llega hasta las siete y media. Estás tan molesta que te vas a tu habitación y no cenas con él. Sus disculpas y explicaciones no te convencen. Te sientes desvalorizada y te preguntas si podrás seguir casada con una persona tan insensible. Sientes la misma ansiedad que cuando eras una niña dependiendo de tu padre, quien a menudo llegaba tarde y rara vez te llevaba puntualmente a donde tenías que ir.

Una persona de tu grupo pequeño habla sin parar, paralizando la dinámica del colectivo. Tú eres la facilitadora y sabes que es tu responsabilidad tratar con esa persona. No duermes en la noche, imaginándote innumerables situaciones posibles si lo hicieras. Te sientes impotente, de forma muy parecida a como te sentías cuando estabas creciendo y no te permitían hablar en tu casa.

Tu empleado te ha entregado un reporte con errores y discrepancias. Tienes temor de cómo podrá reaccionar si le pides explicaciones. Le haces caso a tus sentimientos y lo evitas durante las próximas dos semanas. La situación te recuerda el temperamento explosivo de tu hermano cuando tus padres lo cuestionaban por su conducta.

En todas estas situaciones el problema surge cuando los sentimientos del pasado conspiran contra el pensamiento lúcido en el presente. La situación actual es parecida a alguna en el pasado que desata una respuesta desproporcionada. Nuestros sentimientos se han fijado de tal modo en nuestra mente que anulan el proceso lógico de pensamiento. De repente nos encontramos estallando. Los sentimientos abrumadores nos impiden hacernos algunas preguntas esclarecedoras: ¿Qué está sucediendo aquí? ¿Cuáles son los hechos? ¿Qué sé positivamente que es verdad? ¿Cómo quisiera que termine esto? ¿Mis sentimientos son importantes en esta situación o debo dejarlos a un lado en este caso?

Dios nos ha dado un sistema de dirección interno para avanzar en la vida: los pensamientos y sentimientos. Resulta esencial que les prestemos atención a nuestros sentimientos. Sin embargo, luego tenemos que pensar qué haremos con ellos. Debemos saber cuándo seguir nuestros sentimientos y cuándo no es indispensable si queremos crecer hasta convertirnos en adultos espirituales en Cristo.

Deja de leer la mente

Dios es omnisciente. Él sabe todo acerca de todas las situaciones. Y solo Dios sabe lo que está sucediendo en la mente de los demás. No obstante, aun así jugamos a ser Dios cuando hacemos suposiciones sobre otra persona o interpretamos ciertos comportamientos sin verificar los hechos. Esas suposiciones desatan mucha tristeza y confusión innecesarias. En realidad, la aplicación de esta sola habilidad contiene la clave para prevenir el pensamiento erróneo a gran escala en tu familia, trabajo e iglesia.

Imagina que tu esposo, que por lo general te llama cuando estás trabajando, un día no llama. Tú comienzas a preguntarte si estará enojado contigo. Anoche pelearon, pero pensabas que había quedado resuelto. Supones lo peor. A lo largo de todo el día cavilas sobre el aparente comportamiento inmaduro de tu esposo. ¡Cómo se atreve a ignorarte!

> *Jugamos a ser Dios cuando hacemos suposiciones sobre otra persona.*

Eliges no dirigirle la palabra cuando llega a casa y te vas a la cama sin saludarlo. Él se queda en la mesa de la cocina haciendo unos papeles y no pregunta si algo anda mal. Esto confirma tu hipótesis sobre su inmadurez. Las cosas están peor de lo que pensabas.

«¿Quién sabe lo que traerá el mañana?», murmuras con resignación mientras apagas la luz.

La verdad, según te enteras después, es que tu esposo no llamó porque tuvo una emergencia en el trabajo. Así que creaste un intrincado escenario en tu mente que no era verdad.

Imagina que eres parte de un equipo ministerial de la iglesia y están planificando un gran evento. Como director, les mandas algunos correos electrónicos al resto de los miembros del equipo. Notas que uno de los integrantes, Ken, que solía ser cálido y amigable, ahora da respuestas cortantes. Interpretas esta conducta como pasiva-agresiva y supones que debe estar enojado contigo por algo. Dos pueden jugar a ese juego, así que le devuelves un par de correos electrónicos breves y secos. Enseguida hablas con Ken por teléfono. Él emplea un tono de voz agradable y simpático. Te das cuenta de que «leíste su mente» de manera equivocada e interpretaste negativamente sus correos. Te causaste una angustia innecesaria y lo sepultaste a él en tu corazón.

En ambos casos seguiste una espiral descendente al interpretar de forma negativa el comportamiento de otros y hacer suposiciones sobre lo que están pensando. Tales cosas se convierten en minas ocultas en las relaciones. Poco a poco vas edificando resentimientos. Te lastimas a ti misma. Construyes paredes invisibles para mantener a los demás afuera. Y lo peor de todo es que apagas al Espíritu de Dios en ti.

Piensa en una persona con quien hayas estado practicando la lectura de la mente, o acerca de quien estás haciendo suposiciones que no has verificado. En el momento apropiado, hazle las siguientes preguntas: «¿Me das permiso de leer tu mente?» o «¿Puedo comprobar una suposición que tengo?» o «¿Tengo permiso para verificar mi pensamiento contigo?».[2]

Una vez que te digan que sí, considera los ejemplos a continuación para corroborar tu pensamiento y dejar de leer la mente.

- «Pienso que crees que soy el responsable de las compras de Navidad este año. ¿Eso es correcto?».

- «Me pregunto si piensas que yo creo que eres una mala persona por no haberte acordado de mi cumpleaños. ¿Es verdad eso?».

- «Noté que no me devolviste las llamadas telefónicas durante algunos días. Eso es algo inusual en ti, así que me pregunto si sucede algo malo».

- «Estoy algo confundido porque le diste un gran abrazo a Jane y Richard, pero pasaste de largo junto a mí. Me pregunto si hice o dije algo que te haya molestado».

- «Observé que no me llamaste desde el trabajo hoy. ¿Está todo bien o todavía queda algo de tensión después de nuestra discusión de anoche?».

Las historias que nos contamos a nosotros mismos tienen un enorme impacto sobre nuestros sentimientos. Considera la diferencia de lo que tienes en mente cuando un amigo que ha quedado en encontrarse contigo para cenar lleva cuarenta minutos de retraso. ¡Cuán distintos pueden ser tus sentimientos cuando te dices a ti misma: «Tal vez tuvo un accidente cuando venía para acá» o «Esta relación a las claras es más importante para mí que para él»! Cada interpretación genera un sentimiento diferente. ¿Por qué? Porque los sentimientos están íntimamente relacionados con la historia que nos contamos acerca de lo que sucede a nuestro alrededor.

Para abandonar el pensamiento erróneo y mantener una buena salud emocional y espiritual debemos tomar la decisión deliberada de dejar de leer las mentes y verificar nuestras suposiciones hablando con la persona *frente a frente* en vez de hacerlo en nuestra cabeza.

Haz algo diferente

Seguramente conoces la muy citada definición de locura de Albert Einstein: «Es hacer la misma cosa una y otra vez y esperar resultados diferentes». Año tras año hacía lo mismo una y otra vez, pero después me quejaba de que nada cambiaba. La vida, según suponía, siempre sería dura. Decía que sí a todo y a todos porque quería que la gente pensara que era una supermujer. Culpaba a Pete por mi infelicidad. Ponía mi cara feliz delante de los demás. Negaba mi tristeza, enojo y temor. Me ponía a mí misma en último lugar, ignorando las cosas que me provocan vida y gozo.

¿Cuáles serán tus lamentos de acá a veinte años si no haces algo para cambiar tu situación hoy?

A fin de liberarme de las garras mortales del pensamiento erróneo, tenía que hacer algo diferente.

Durante años había un mantra sonando en mi cabeza sobre los riesgos implícitos de ser la esposa del pastor. Reproducía como en una cinta las dificultades de las heridas, las crisis con el equipo de trabajo, las expectativas irracionales, los desafíos del crecimiento personal y las decepciones en las relaciones. Ellas se volvieron mi punto de referencia para el presente y el futuro. Cuando aprendí que el futuro no tenía por qué ser igual al pasado, comencé a hacer algunas cosas de manera diferente.

Aparté un tiempo a fin de tener retiros con Dios durante toda la noche y para la recreación. Perseguí las cosas que amaba, como las salidas al aire libre. Nos mudamos. Pete y yo buscamos ayuda para nuestro matrimonio. Aprendimos habilidades que nos ayudaron en nuestras relaciones. Puse límites en cuanto a lo que haría y no haría en Nueva Vida. Me volví más realista en cuanto a la cantidad de relaciones que podía manejar. Y dije que no varias veces.

Cuando te veas atrapada en la arena movediza del pensamiento erróneo, hazte dos preguntas:

1. ¿Estoy dispuesta a dejar de hacer las cosas conocidas que no están dando resultado e intentar algo que considero desconocido, pero tal vez es más probable que tenga éxito?

2. ¿Qué cosas lamentaré de acá a veinte años si no me levanto y hago algo para cambiar la situación?

Cada uno de mis «Dejo de» al principio requirió que hiciera algo radicalmente diferente y todos ellos fueron incómodos en un inicio. No subestimes lo difícil que es dar este paso ilógico y contracultural. A menudo todo en nosotras grita: «¡No te arriesgues al cambio! ¡Esto puede terminar en un desastre!».

Cuando un patrón enfermizo está profundamente arraigado en nuestras vidas, es difícil hacer algo diferente solo por medio de nuestros esfuerzos. Cuando luché para recibir claridad en cuanto a lo que tenía que hacer diferente, busqué la ayuda externa de mentores, consejeros o guías espirituales. Esto me ha servido a lo largo de los años. Muchas veces necesitamos ayuda de alguien más experimentado que nos haga ver nuestra situación de una manera más objetiva.

> *«¡Si al principio no tienes éxito, haz algo diferente!».*

Tal vez conoces el viejo refrán: «Si al principio no tienes éxito, inténtalo e inténtalo otra vez». Ese eslogan necesita una adaptación: «¡Si al principio no tienes éxito, haz algo diferente!». No obstante, precisarás un pensamiento correcto, realista, y un plan para hacer algunos cambios en tu futuro.

Navega a favor del viento

Hace un par de años mi esposo y yo tuvimos nuestra primera experiencia aprendiendo a navegar. Una de las cosas más importantes que aprendimos fue a posicionar la vela en el lugar exacto a fin de poder avanzar. Para los principiantes es más difícil de lo que parece. Cuando la vela no se corresponde con el viento, hay tres posibilidades: navegas en círculos, te quedas varado y no avanzas, o te vuelcas. El pensamiento erróneo es como tener la vela en la posición incorrecta. No puedes avanzar. Estás atascado simplemente reciclando las mismas penas, frustraciones y problemas.

Derribar la pared del pensamiento erróneo te impulsa hacia adelante en la vida de una manera transformadora. El drástico ajuste mental de dejar el pensamiento erróneo agranda tu vela. La posiciona de forma correcta para que pueda moverse libremente con el viento. En definitiva, ese viento es el Espíritu Santo, que corrige tu pensamiento erróneo y te alinea con la verdad.

Como veremos, el valor para avanzar hacia tu vida única y singular requiere que examines de cerca la vida que estás llevando ahora. ¿Estás viviendo tu vida o la de otro? Si no te haces responsable de vivir la vida que Dios te dio, esta no será vivida. No hay nadie más en el mundo como tú. ¡Nadie! Una de las mayores formas de honrar y glorificar a Dios es abrazando tu vida única e irrepetible. Por esta razón, dejar de vivir la vida de otros es el tema del último capítulo.

8

Deja de vivir la vida de otros

Seis meses después de que Pete y yo nos casáramos nos mudamos a América Central por un año para aprender español. Llegando al final de ese año, Pete organizó una visita a Nicaragua al final de su guerra civil entre los sandinistas y los contras.

«¿No será fantástico?», argumentó tratando de persuadirme. «¡Ahora hablamos el idioma y conocemos a una familia en la capital, Managua, que puede mostrarnos todo el lugar!».

Yo estaba embarazada de seis meses de nuestra primera hija, de modo que este no era uno de los principales sitios para vacacionar en mi lista, pero fui de todos modos.

Debido a la guerra, únicamente un ómnibus entraba al país y lo hacía solo una vez por semana. De manera que la húmeda mañana de un martes abordamos el viejo colectivo Greyhound desde Costa Rica para un viaje de todo el día en medio de las montañas. Solo otras siete personas viajaban en el autobús, todas madres que habían llevado a sus hijos a Costa Rica para evitar que pelearan en la guerra. Cada una cargaba maletas abultadas, rebosantes de papel higiénico y otros bienes imposibles de conseguir en Nicaragua.

Después de tres horas de demora nuestro autobús finalmente partió.

El conductor manejaba rápido, muy rápido. Cuando entramos en la región montañosa cercana a Nicaragua, tomó velocidad como si estuviera conduciendo un Ferrari. El único problema era que ninguno de los caminos de montaña tenía barandillas protectoras.

Mi incomodidad inicial por la alta velocidad pasó del miedo al pánico rotundo.

Su velocidad no era la mía.

Me aproximé a la parte delantera del bus, implorándole en mi limitado español que redujera la velocidad. Me ignoró por completo.

Le supliqué otra vez, sin resultados.

No me gustan las alturas, incluso cuando el que conduce lo hace lentamente, ni tampoco pasar por encima de puentes. Esta era otra categoría en sí misma.

Me arrodillé y oré.

Me senté en el suelo con mi cabeza entre las piernas.

Lloré. Él seguía a toda velocidad.

Pete le gritó que redujera la marcha. Nada.

Finalmente oré: «Muy bien Dios, sé que este es el fin. Por favor, hazlo rápido».

Sentía que el bus se había salido de control. El conductor era desconsiderado tanto conmigo como con los otros pasajeros. Solo estaba esperando el momento en que subiéramos un acantilado.

Entonces sucedió.

El autobús se rompió.

El conductor rápidamente levantó el capó para examinar el motor humeante y sacudiendo su cabeza dijo en español: «Muy grave». Caminaba de un lado a otro al costado del ómnibus. Más o menos una hora después detuvo un camión y se subió a él, informándonos que no iba a regresar.

Lo recuerdo como si fuera ayer. Yo estaba sentada sobre el césped en medio de la nada. Nos encontrábamos a muchos kilómetros de nuestro destino final, abandonados por el conductor del autobús. ¡Sin embargo, estaba viviendo uno de los momentos más felices de mi vida!

Tenía mi vida de nuevo. Me sentía emocionada.

Caminamos, hicimos autostop y después viajamos en taxi el resto de nuestro camino hasta la capital de Nicaragua, pero esa aventura es una historia para otra ocasión. El punto aquí es la forma en que esa experiencia ilustra nuestros primeros ocho años de casados, un tiempo en el cual sentía que estaba viviendo la vida de cualquiera menos la mía.

Nuestros primeros ocho años de casados —aprendiendo español en América Central, mudándonos a Nueva York, teniendo hijos, comenzando una iglesia en Queens— representaron una montaña rusa en la cual yo luchaba por vivir. Me encontraba en el fondo de un autobús fuera de control conducido por otra persona y sentía que no podía bajarme. Lamentablemente, tuvimos que llegar a un punto límite para que pudiera decirle a Pete que me quería bajar de ese autobús.

¿La vida de quién estás viviendo?

Hacia el final de su vida, le preguntaron al dramaturgo George Bernard Shaw qué otra persona le hubiera gustado ser. Respondió que le hubiera gustado ser el George Bernard Shaw que debía haber sido, pero que nunca llegó a ser.

¿Qué hay acerca de ti? ¿La vida de quién estás viviendo, la tuya o la de alguien más? Las siguientes son algunas señales que te ayudarán a discernir si estás viviendo la vida de otra persona:

- Te importa demasiado lo que los demás piensen de ti.
- Mientes.
- Culpas.
- Evitas la confrontación.
- Crees que la falsa paz es mejor que ninguna paz.
- Siempre pones a los demás primero que a ti misma.
- Dices que sí, aun cuando no quieres hacerlo.
- No puedes estar en desacuerdo con personas fuertes.
- Estás más preocupada por tener a la gente contenta a expensas de tu propia felicidad.
- Te sientes insegura en cuanto a tus preferencias.

¿Estás conduciendo el autobús de tu vida o sin darte cuenta le has entregado el volante a alguien más?

Dios nos llama a bajarnos del vehículo que otra gente está conduciendo.

Dios nos llama a bajarnos del vehículo que otra gente está conduciendo. Jesús lo hizo.

Cuando dijo en su ciudad natal que él era el Mesías, sus vecinos y amigos de toda la vida literalmente trataron de arrojarlo por un despeñadero. Jesús pasó en medio de ellos y se dirigió fielmente a la vida que el Padre había preparado para él (Lucas 4:28-31).

Cuando las multitudes le gritaban: «Hosanna, sálvanos» y querían hacerlo rey, él ignoró sus adulaciones, sabiendo que sus intenciones para su vida no eran la voluntad de su Padre (Juan 6:14-15).

En otra ocasiones, Jesús desilusionó a su madre y sus hermanos (Marcos 3:21), a sus discípulos, las multitudes y los líderes religiosos (Juan 6:41-62).

La presión sobre Jesús a fin de que viviera la vida de otros era enorme. No obstante, por el poder del Espíritu Santo y en comunión con Dios, permaneció fiel a su propia vida y propósito, terminando la obra que el Padre le había encomendado (Juan 17:4).

De la misma manera, Dios nos invita a ti y a mí a ignorar las voces que nos distraen —a pesar de su fuente de procedencia— y perseguir con todo el corazón la clase de vida que él nos ha dado. Al hacerlo, nosotros y al final todos los que nos rodean, experimentaremos una nueva libertad.

Descúbrete...un trabajo de por vida

El reformador y teólogo Juan Calvino sostenía que no hay una descripción más acertada de un cristiano que esta: «Somos hechura de Dios» (literalmente «una obra de arte», Efesios 2:10). Las galaxias, las estrellas y el sistema solar pueden dejarnos sin aliento por la gloria de Dios revelada en ellos (Salmo 19:1), pero solo los seres humanos que hemos experimentado el milagro del nuevo nacimiento somos llamados hechura de Dios.

Las obras de arte no se hacen en cadenas de producción; ellas precisan las manos hábiles de un genio. Son regalos para este mundo, únicas en su especie, nunca repetidas. Y eso es lo que tú eres: un regalo de Dios para el mundo, única en tu especie y jamás una copia o repetición. Dios el Creador te hizo singular.

Sin embargo, tu belleza como pieza de arte ha sido dañada por el pecado. Y el proceso de restauración dura toda la vida, resulta lento y costoso.

La Capilla Sixtina de Miguel Ángel es uno de los grandes triunfos artísticos de la historia. Desde 1508 hasta 1512 el artista pintó la creación, la caída, y la destrucción de la raza humana mediante el diluvio. No obstante, las imágenes comenzaron a empalidecer casi de inmediato después de ser pintadas. Al cabo de cien años nadie recordaba cómo eran los colores originales. En 1980 erigieron un andamio y se hicieron planes para limpiar el cielorraso que mostraba la invaluable obra de arte de Miguel Ángel. El director del proyecto de restauración realizó un experimento crítico usando una solución especial en tres o cinco centímetros cuadrados por vez.

Durante los siguientes doce años limpiaron todo el cielorraso de la Capilla Sixtina. ¡Nadie esperaba que los resultados fueran tan asombrosos! Nadie se había percatado de que Miguel Ángel era un maestro del color tan grande, haciendo uso de los tonos azulados, verdes, rosados, lavanda. Debajo de siglos de suciedad y polvo, yacían enterrados colores apasionados. Por primera vez en más de cuatrocientos cincuenta años la gente podía ver la pieza de arte como originalmente había sido planeada, en todo su colorido, esplendor y belleza[1].

Quitar las capas falsas y el polvo que cubren tu vida y destino únicos es algo complejo. Parker Palmer lo describe así:

> La mayoría de nosotros llegamos a alcanzar un sentido de nuestra individualidad solo a través de un largo viaje por tierras desconocidas. Sin embargo, este viaje no se parece en nada a los «paquetes turísticos» libres de complicaciones que venden en la industria del turismo. Es más bien parecido a la antigua tradición del peregrinaje, «un viaje de transformación hacia un centro sagrado» lleno de hostilidades, oscuridad y peligros[2].

Otra manera de discernir nuestra vida única es asumiendo la perspectiva de descubrir nuestras «órdenes selladas» de parte de

Dios[3]. Históricamente, las órdenes selladas se referían a instrucciones escritas específicas dadas, por ejemplo, al capitán de un barco con relación a su destino o misión. No debían abrirse hasta que se llegara a un momento o lugar determinado. Es como si Dios nos hubiera dado a cada uno órdenes selladas para nuestra vida. Él nos invita a abrirlas al prestarle atención a las pequeñas cosas de cada día que nos dan vida. La escritora Sheila Linn describe este proceso de una manera simple, pero profunda: «Cuando estoy en contacto con el propósito especial de mi vida al portar mis órdenes selladas, tengo un profundo sentido de consolación o virtud, y todo mi cuerpo se relaja. Creo que el sentido de virtud se expresa fisiológicamente, ya que el propósito de nuestra vida está escrito en las mismas células de nuestro cuerpo»[4].

> *Es como si Dios nos hubiera dado a cada uno órdenes selladas para nuestra vida.*

Descubrir el propósito especial de Dios para tu vida es un proceso. Es imposible anticipar todo lo que podemos encontrar en este viaje hacia un yo auténtico y una espiritualidad saludable. He descubierto cuatro prácticas que nos brindan una guía confiable para este emprendimiento: descubre tu integridad, escucha tu ritmo interior, establece tus límites y libera a los demás. A medida que apliques estas prácticas, te unirás a una aventura con Dios para descubrir el gozo de cumplir tu propósito especial en la tierra.

Descubre tu integridad

La jornada de vivir tu vida en vez de la de los demás comienza cuando descubres tu integridad. Esto requiere reconocer y definir lo que es importante para ti. El término integridad, como yo lo aplico aquí, siempre está alineado a los valores de Dios. Por ejemplo, aunque tu integridad puede requerir que abandones una relación abusiva, no exige que abandones a tu cónyuge simplemente porque ya no te sientes segura de que lo amas.

Cuando ayudo a alguien que está luchando con un conflicto interior, casi siempre le pregunto: «¿Qué es lo que tu integridad te está llamando a hacer?». La mayoría duda antes de responder porque rara vez han pensado lo suficiente en lo que ellos creen y valoran. Casi nunca han considerado la disonancia entre su vida interior y la exterior, entre sus acciones y sus valoraciones.

La pregunta que yace detrás de esta cuestión es: «¿Qué es importante para ti?». Si no dedicas un tiempo para responder a esta pregunta, los temores, expectativas y planes de los demás (o incluso tus propios temores) te conducirán por la vida. Acabarás definiéndote por aquello a lo que te opones en vez de definirte por lo que es más importante para ti.

A lo largo de mis años en Nueva Vida, honrar mi integridad me ha llamado en repetidas ocasiones a evaluar mis compromisos. Por ejemplo, una vez estaba intentando activamente asistir a un cumpleaños de una señora de nuestra iglesia. Ella me había escrito un correo electrónico, una carta, me había llamado por teléfono y hablado el domingo para reforzar su deseo de que yo asistiera. No obstante, yo tenía en claro la importancia del tiempo con mi familia y mis hijas ese año. Durante esa etapa de mi vida mi integridad me llamaba a retirarme de las actividades sociales para estar más presente e involucrada en las cosas de mis hijas. Esta disponibilidad me permitía tener muchas conversaciones significativas y momentos de enseñanza con ellas; yo disfrutaba el tiempo relajado con mis hijas cuando resolvían sus conflictos y luchas internas. Eso no habría ocurrido si hubiera fallado en honrar mi integridad y me hubiese doblegado ante la presión de otros a fin de llenar mi calendario con sus eventos.

Hay muchas otras cosas que la integridad me ha llevado a hacer. Honrar mi integridad me ha llevado a...

- confrontar a Pete en cuanto a sus inconsistencias y su liderazgo en Nueva Vida.

- buscar un entrenamiento adicional en temas de salud emocional, matrimonio y teología, para atender las demandas del ministerio y poder ayudar a más personas dentro y fuera de Nueva Vida.

- vivir una vida que refleje los valores que mi esposo y yo enseñamos acerca de una espiritualidad emocionalmente sana. En otras palabras, no queremos enseñarle a la gente algo que no aplicamos en nuestra propia vida.

- invertir tiempo y dinero de manera constante en nuestro matrimonio. Esto incluye algunas escapadas durante los fines de semana, así como también un entrenamiento formal e informal con mentores, educadores de relaciones y terapeutas.

- edificar un hogar que elimine los gastos innecesarios al vivir de manera sencilla. Nosotros usamos agua corriente en vez de agua embotellada, servilletas de tela en vez de papel. Eliminamos el televisor hace más de diez años y ahora miramos solamente los DVDs que elegimos traer a nuestra casa.

Debemos permanecer firmes, sin hundirnos cuando somos malinterpretados. Al final de cuentas, nada es más importante que ser fieles a la voluntad de Dios y crecer en amor. Siempre que me sobrepaso o empiezo a hacer cosas que Dios no me ha pedido, mi capacidad de amar se reduce. Muy seguido me pregunto: «¿Si le digo que sí a esta persona o compromiso, seré alguien más o menos amorosa?».

¿Si le digo que sí a esta persona o compromiso, seré alguien más o menos amorosa?

En definitiva, se necesita menos energía para vivir cuando estamos identificando activamente lo que es importante para nosotros que si vivimos en continua reacción a las expectativas y demandas de los demás.

Escucha tu ritmo interior

Toda la creación posee un ritmo natural. Esto es parte de la hechura de Dios en el universo. Tenemos la noche y el día, el verano y el inverno, y los grandes movimientos de los océanos y las estrellas. Todas las cosas vivientes tienen un ritmo interno, un reloj interior configurado dentro de ellos, para poder crecer de una manera saludable y equilibrada. Nuestros cuerpos, por ejemplo, tienen ritmos para dormir, comer y respirar. Cuando pasamos por alto este maravilloso don de Dios y trabajamos setenta horas a la semana, dormimos superficialmente, nos saltamos las comidas o le exigimos a nuestro cuerpo hasta el límite, sufrimos de manea forzosa.

El mismo principio se aplica al ritmo emocional y espiritual de nuestra vida. Si descuido mi relación con Dios, si traspaso mis límites en cuanto a la gente, si no nutro el placer y el gozo, mi alma empieza a morir. Me deprimo. Cuando finalmente nos detenemos y descansamos, nuestros ritmos naturales se reafirman y nos llevan de regreso al equilibrio planeado por Dios. No obstante, en medio del apuro y la presión de la vida, resulta fácil no escuchar o respetar nuestro ritmo.

> *En medio del apuro y la presión de la vida, resulta fácil no escuchar o respetar nuestro ritmo.*

Al mismo tiempo, cada uno de nosotros tiene ritmos diferentes. Nuestros relojes internos sufren variaciones. Lo óptimo para ti no será lo óptimo para los que te rodean.

El ritmo tiene que ver con el tiempo justo: cuándo es momento de involucrarse o desconectarse, permanecer o hacer una transición, estar con la gente o a solas, trabajar o descansar, jugar o ponerse serios. Jesús prestó atención y honró sus ritmos. Sabía cuándo era tiempo de marcharse a otra ciudad. Sabía cuándo precisaba estar solo. Sabía cuándo necesitaba estar con tres personas o con cinco mil. Sabía cuándo era tiempo de predicar y cuándo era tiempo de orar.

En la mañana, siento que debo hacer ejercicios primero y luego estar tranquila ante Dios. Por la noche, mi reloj interior me dice: «Mejor es hablar primero con Pete y luego leer un libro antes de ir a dormir». El ritmo de Pete es todo lo contrario al mío. Él prefiere estar en quietud ante Dios temprano en la mañana y luego hacer ejercicios. Por la noche, su reloj interior le dice: «Es mejor leer primero y después hablar con Geri antes de ir a dormir». Tuvimos que aprender, con el tiempo, a respetar y negociar nuestros diferentes ritmos.

Mi madre es una persona maravillosa con una increíble capacidad de recibir en su casa a grandes grupos de personas. Es muy común que ella organice cenas espontáneas para veinte personas en su casa en verano. ¡Y tiene ochenta y cinco años! Su ritmo interior le dice con frecuencia que es hora de tener la casa llena de gente. Durante nuestros primeros años de casados, trataba de vivir según sus ritmos. Entre los invitados que venían de otras ciudades, los grupos pequeños, las reuniones sociales y los hijos de nuestros amigos, siempre había un montón de gente en nuestra casa. Sin embargo, luchaba, ya que aun no percibía que mis ritmos eran diferentes. Solo años más tarde reconocí que mi necesidad de estar a solas era mucho mayor que la de mi mamá.

Honrar nuestros ritmos diferentes significa respetar y negociar nuestras necesidades y preferencias en el trabajo, con los amigos, en la iglesia, en nuestro matrimonio, con nuestras familias extendidas y hasta con nuestros hijos.

Para empezar a escuchar tu ritmo interior considera las siguientes preguntas: ¿Sabes cuándo es tiempo de estar con la gente y cuándo es momento de estar a solas? ¿Sabes cuándo es tiempo de descansar o jugar? ¿Cuáles son tus mejores horas de trabajo? ¿Qué cantidad de horas de sueño precisas tú? ¿Cuándo es tiempo de comer? ¿Es tiempo para ti de esperar algo o de avanzar? ¿Cómo sientes el peso de tu vida? ¿Qué puedes hacer para establecer una rutina que puedas disfrutar y un equilibrio sano en esta etapa de tu vida? Y por último, ¿cuáles son uno o dos cambios que tienes que hacer para estar más en sintonía con los ritmos interiores que Dios te ha conferido?

Establece tus límites

¿Con quién tienes que fijar límites? La respuesta es simple: ¡Con todos! Esto incluye madre, padre, hermanos, cónyuge, hijos, amigos, compañeros de trabajo… ¡hasta tu mascota! Los límites son cruciales si quieres evitar desvíos y seguir el sendero de Dios para ti[5].

> *¿Con quién tienes que fijar límites? La respuesta es simple: ¡Con todos!*

No es malo que las personas persigan lo que quieren. La gente siempre querrá cosas de ti: tu tiempo, tu apoyo emocional, tu experiencia, tu dinero, tu participación, lo que sea que posees que ellos desean. Esto es normal.

Eso no los hace malos. Todos queremos lograr lo que deseamos… ¡incluso la gente buena y generosa como tú! Sin embargo, el hecho de que alguien quiera algo de ti no necesariamente significa que Dios pretenda que *tú* se lo proveas o que desee que ellos lo obtengan. Por supuesto que a veces es más fácil hacer lo que los demás quieren y ser quienes ellos desean que seas, pero la pregunta es: ¿Qué es lo mejor a la larga?

Lo mejor a la larga es que tú y yo establezcamos límites para poder ser fieles a la clase de vida que Dios nos dio. De lo contrario, terminaremos fusionados a otros. La palabra *fusión* es un término empleado en física que describe lo que sucede cuando los metales se funden y pierden sus cualidades distintivas. La fusión emocional ocurre cuando dejamos nuestra singularidad y nos perdemos en la vida de otro[6].

Pete es un líder multitalentoso con muchísimas ideas creativas. Tiene una gran capacidad para manejar muchas responsabilidades a la vez. Cuando yo fallo en poner mis límites en torno a su trabajo, comienzo a sentir que estoy en una montaña rusa aferrándome por mi vida. Estar casada con él naturalmente tiende a llevarme a participar en sus numerosos proyectos. Si no soy cuidadosa, antes de darme cuenta ya estoy involucrada tratando de hacer malabares con sus distintas iniciativas. He aprendido a reconocer mis limitaciones y, por lo tanto, a elegir mis sí y mis no con oración y meditación.

Piensa en todos tus compromisos: en la iglesia y el matrimonio, con los amigos, los hijos, los vecinos, los compañeros de trabajo y los miembros de tu familia extendida. ¿Qué problemas o compromisos puedes haber asumido que Dios nunca te mandó? ¿En qué relaciones tienes que establecer un límite saludable hoy mismo? ¿Cómo lo harías? ¿Qué apoyo necesitas en oración y de otras personas? ¿Cómo puedes impedir que este límite se convierta en una pared que te impida amar a los demás?

Recuerda, establecemos límites a fin de amar bien a las personas. Y al hacernos libres para vivir nuestra vida, estamos haciendo libres a los que nos rodean también.

Libera a los demás

Dejar de vivir la vida de otros requiere no solo establecer límites sanos con los demás, sino también no tratar de manejar sus vidas. Al liberarlos, no interfiero en la vida de ellos. Controlar la vida de otros lleva tiempo y energía. Y también aparta el enfoque de tu propia vida.

Cuando los demás piensan, sienten y actúan diferente a nosotros, tendemos a ponernos ansiosos. Esto crea una pugna por querer controlarlos. Si eres madre o padre, sabes lo desafiante que tal cosa puede resultar.

Yo cuidé, alimenté, vestí y crié a nuestras cuatro hijas durante toda su niñez. Ellas literalmente dependían de mí para vivir, y yo naturalmente pensaba acerca de ellas como una extensión de mí misma. Sin embargo, una de las tareas que Dios me asignó es nutrir su separación de mi y su singularidad.

Recuerdo cuando en la escuela secundaria una de mis hijas quería gastar ochenta y cinco dólares en un par de zapatos. Le dije: «¡Eso es una locura! Por favor, no gastes tanto dinero en un par de zapatos». Me sentía estresada y ansiosa. ¿Adónde iría a parar esto? Ella estaba violando muchos de mis valores: la cuestión de la buena administración y el manejo de un presupuesto para gastos, la pregunta de cuántos pares de zapatos es moralmente apropiado que una persona posea, y la «rectitud» moral de gastar tanto dinero en unos zapatos.

A pesar de mis protestas, me aseguró que era una buena inversión.

Finalmente se compró los zapatos y al tiempo me los terminó pasando a mí. Ahora, seis años más tarde, siguen siendo mis favoritos y los que más uso. Recuerdo haber pensado: «Vaya, tal vez puedo aprender de mi hija algo sobre comprar cosas de calidad». Esa fue una lección importante para mí: sus preferencias no solo son distintas a las mías, sino a veces más sabias.

Liberar a nuestros hijos y respetar sus diferencias es un proceso continuo. Solo porque yo tengo frío no significa que ellos tengan frío. Solo porque yo tengo sed en un día caluroso no significa que ellos tengan sed. A mí me pueden encantar las salidas al aire libre, pero eso no significa que a mis hijas también les gusten. Yo prefería pintar su habitación de color rosa y que aprendieran a tocar un instrumento. Ellas quisieron colores diferentes y mostraron poco interés en las lecciones de música.

Cuando los niños se vuelven adolescentes y adultos jóvenes, liberarlos requiere disminuir la cantidad de control sobre ellos, permitiéndoles elegir con quién salen y se casan, la carrera, la universidad a la que va a asistir y cómo van a seguir a Cristo. Por favor, no me entiendas mal; creo que los padres juegan un rol vital en guiar a los hijos a tomar buenas decisiones. Si un hijo está involucrado en conductas que dañan a los demás o a él mismo, es la responsabilidad de los padres intervenir. No obstante, hay muchas áreas de la vida donde nuestros hijos toman decisiones que no están equivocadas; simplemente son diferentes a las que nosotros hubiéramos tomado.

Al final, cuando sean adultos y tal vez estén casados, los veremos criar a sus hijos de una manera distinta a la nuestra. A nosotros nos corresponde hacer lo mejor posible para tener una transición de ser sus padres a ser sus pares, aconsejándolos solo cuando nos piden consejo.

Sin embargo, liberar a los demás abarca otras áreas además de la paternidad. Por ejemplo, pensamos que la gente debe saber cómo vestirse o actuar en la iglesia y cómo alimentarse espiritualmente. Las personas toman la decisión de dejar nuestra iglesia e irse a otra. Podemos volvernos resentidos o apreciar que su camino es diferente al nuestro. La gente ve los asuntos políticos e internacionales de una manera distinta a nosotros. Puedo escuchar y hacer preguntas, tratando de entenderlos, o enojarme por lo que percibo como una estrechez mental.

Una de las pruebas de fuego para discernir mi crecimiento espiritual en cuanto a dejar ir consiste en detectar cuándo los rastros de resentimiento y la actitud crítica prevalecen en mi corazón más que una apreciación por las diferencias. Puedo decir: «Bueno, si Pete quiere pasar una hermosa tarde de sábado en la biblioteca leyendo un libro, esa es su elección. ¡No diré una palabra aunque se esté perdiendo la bendición de estar afuera!». O puedo detenerme y apreciar de modo genuino lo especial que él es: «Estoy triste por tener que hacer mi caminata sola esta tarde, pero la habilidad de Pete para aprender y leer sobre áreas tan diversas es una maravilla digna de contemplar».

¿Cuándo, dónde y a quién tienes que liberar? ¿En qué momento te ves tentada a creer que sabes lo que es mejor cuando se trata solo de una cuestión de preferencias? Nombra dos o tres áreas donde tienes que liberarte de la ansiedad que sientes por una decisión que alguien tomó. En oración, entrégale a esa persona y la situación al

Señor. ¿Cómo Dios podría estar usando el proceso de liberar a fin de prepararte para algo nuevo que tiene para ti?

Escribe tu manifiesto

Hace unos años escribí mi manifiesto —una declaración pública de mis creencias y valores— como la culminación de una serie de retiros en los que había participado durante un período de dos años. Redactado a raíz de una compilación de poemas, ensayos y textos bíblicos, intenté resumir y clarificar mi camino de treinta años con Cristo. Como cuando encajamos las piezas de un rompecabezas, comencé a ver el cuadro general de mi vida presente, pasada y futura. Sentía que los colores particulares de mi viaje personal anhelaban brillar a través de las capas de pintura vieja que cubrían mi verdadero yo en Cristo.

Poco a poco los llevé al papel y luego los coloqué sobre la pared que está delante de mi escritorio, donde permanecen hasta el día de hoy. Soy una obra en proceso. Sin embargo, ese resultó ser otro paso importante en mi vida para dejar de vivir la vida de otro y tomar la mía.

Este es mi manifiesto personal, donde expreso mis valores y creencias. Quizás quieras hacer el tuyo. No obstante, te lo muestro para darte una idea de la dirección que tal vez quieras seguir. Estas verdades fueron hechas a la medida para una etapa particular de mi peregrinaje, pero pueden iluminar algunas maneras en las que Dios quiere hablarte a ti de forma especial durante el tuyo.

- Ama al Señor tu Dios con todo tu corazón, con toda tu mente, con toda tu alma y con todas tus fuerzas al amar lo que amas[7].

- Ama a tu prójimo no más que a ti misma, no por encima de ti misma, sino *como* a ti misma.

- Camina con humildad, ama la misericordia y haz justicia (véase Miqueas 6:8). ¡Y no tienes que caminar mil kilómetros de rodillas por el desierto para lograrlo![8]

- Prueba y ve que el Señor es bueno al disfrutar del gozo del matrimonio, el amor y la risa de la familia, la buena comida y bebida, la tibieza del sol, la sensación de tu cuerpo deslizándose en el agua, la fragancia y los colores de las hierbas y flores, una noche estrellada y la imagen de Dios en cada persona.

- Respeta los límites que Dios te puso y supera tus falsos límites, o dañarás mucho a los demás[9].

- Trata al silencio como a tu mejor amigo.

- Cuando las cosas se ponen difíciles, comienza a maravillarte.

- Sé rápida para preguntar y lenta para aconsejar.

- Mi primer trabajo es hacer descansar mi corazón, estar quieta y conocer que él es Dios.

- Hay tesoros en las tinieblas. Riquezas guardadas en lugares secretos[10].

- La que no es feliz no puede ayudar a muchos.

- Recuerda la sabiduría del ciervo. Solo sé, con imperfecciones y todo[11].

- Trata a cada pensamiento y sentimiento —sin importar lo alegre o lo sombrío— como un invitado, porque cada uno ha sido enviado para guiarte[12].

- Recuerda los panes y los peces: Dios es la Fuente de mi vida (Juan 6:1-13).

- Recuerda al salmón: No le des la espalda al golpe, vuélvete hacia él para experimentar misterio y gracia.

Esta línea final de mi manifiesto me recuerda que dejar de vivir la vida de otros a menudo se parece a cuando el salmón nada contra una poderosa corriente. Una vez que los salmones se preparan para aparearse, nadan río arriba, en contra de la cascada de aguas que caen, pareciendo desafiar a la gravedad. El salmón de algún modo sabe cómo volver su parte inferior —desde el centro hacia la cola— hacia la poderosa corriente que viene hacia él. Ella lo golpea de lleno, y el impacto lo lanza fuera y lejos de la cascada. La forma particular en la que se inclinan hacia la corriente en realidad los hace rebotar más lejos y más alto en el aire. Desde la distancia, pareciera que los peces están volando.

Cuando descubres tu integridad, escuchas tu ritmo interior, estableces límites y liberas a los otros, al igual que el salmón, estás luchando contra fuertes corrientes en ti misma y tu cultura. El milagro radica en que cuando lo haces, escalas una poderosa catarata que amenaza con lanzarte fuera. Y ahí entras en el gozo de la maravillosa vida que Dios te dio, donde ahora eres portadora de tus «órdenes selladas».

Decide no vivir dividida nunca más[13]

Quizás acudiste a este libro buscando soluciones a algunos de tus problemas. Tal vez te atrapó el título, *La mujer emocionalmente sana*, esperando en secreto que te diera permiso para apartar a alguien de tu vida. Sin embargo, mi interés ha sido brindarte una visión fresca y renovada de la transformación en Cristo y unos cuantos principios poderosos para repensar algunas verdades bíblicas que se han malinterpretado.

Afortunadamente, hoy soy una persona muy distinta a la que era cuando dejé mi iglesia hace muchos años atrás. Ha resultado enormemente liberador dejar de simular y elegir hacer algo diferente, preferir la vida por sobre la muerte.

Mi mayor objetivo es el amor auténtico: el amor hacia Dios, hacia mí misma y hacia los demás. Practicar los «Dejo de» ha sido uno de los medios más significativos para llegar a ese fin. Y continuaré practicándolos, permitiéndole a Dios que los use para transformarme por el resto de mi vida.

Los «Dejo de» me llevaron de la ilusión a la realidad, de la oscuridad a la luz, del engaño a la verdad, del yugo interno a la libertad interior, de la tristeza al gozo, del temor a la paz, del odio al amor, de la ceguera a la visión. No sé muchas cosas, pero como dijo el ciego al que Jesús le dio la vista: «Si es pecador, no lo sé […] Lo único que sé es que yo era ciego y ahora veo» (Juan 9:25).

Mi invitación al terminar es que tomes una decisión para tu vida como la que tomó Rosa Parks. Ella era una mujer afroamericana que vivía en el sur segregado de la década de 1950 y estaba cansada de pretender que todo estaba bien cuando no lo estaba. El autor cuáquero Parker J. Palmer recuerda su vida de la siguiente manera:

> El 1 de diciembre de 1955, en Montgomery, Alabama, Rosa Parks hizo algo que se suponía no debía hacer: se sentó delante en un autobús, en uno de los asientos reservados para los blancos; un acto peligroso, atrevido y provocativo en una sociedad racista. [Cuando le preguntaron:] «¿Por qué se sentó en la parte delantera del autobús ese día?», Rosa Parks no dijo que se sentó para iniciar un movimiento [...] Ella declaró: «Me senté porque estaba cansada». Quiso decir que su alma estaba cansada, su corazón estaba cansando, todo su ser estaba cansado[14].

Rosa Parks tomó la decisión ese día de no vivir nunca más dividida. No viviría más por fuera algo que contradijera la verdad de su integridad interior. Se negó a sonreír por fuera y llorar por dentro.

Eso es lo que oro que elijas hacer hoy. Que te aferres al coraje de Dios para no vivir más dividida, descubriendo el poder sobrenatural del Espíritu Santo que anhela irrumpir en tu vida y hacer nacer algo nuevo y hermoso.

Y recuerda: Nunca es tarde para empezar a dejar.

Notas

Introducción: Cuando no puedes soportarlo más

1. Joe Simpson, *Touching the Void: The True Story of One Man's Miraculous Survival*, HarperCollins, Nueva York, 2004, pp. 120-121, 126. Mi relato se basa en entrevistas a los dos montañistas de la película *Touching the Void*.

Capítulo 1: Deja de temer lo que piensen los demás

1. G. R. Evans, trad., Bernardo de Clairvaux, *Selected Works, Classics of Western Spirituality*, Paulis Press, Mahwah, NJ, 1987, pp. 173-205.
2. Esto está adaptado de David Schnarch, *Resurrecting Sex*, HarperCollins, Nueva York, 2003, pp. 120-121.
3. Pablo le estaba recordando a Pedro la esencia del evangelio. Dios acepta a los pecadores por la fe en Cristo Jesús solamente y mediante su obra consumada en la cruz. Esta es la forma de salvación para todos los pecadores, judíos y gentiles por igual.
4. Parker J. Palmer, *Let Your Life Speak: Listening to the Voice of Vocation*, Jossey Bass, San Francisco, 2000, pp. 56-72.

Capítulo 2: Deja de mentir

1. Virginia Satir, John Banmen, Jane Gerber y Maria Gomori, *The Satir Model: Family Therapy and Beyond*, Science and Behavior Books, Palo Alto, CA, 1991, p. 301.
2.   .
3. Sue Monk Kidd, *When the Heart Waits: Spiritual Direction for Life's Sacred Questions*, HarperCollins, Nueva York, 1990, p. 163.
4. Sandra Wilson, *Released from Shame: Moving Beyond the Pain of the Past*, InterVarsity Press, Downers Grove, IL, 1990, p. 78.

Capítulo 3: Deja de morir a las cosas incorrectas

1. En 2 Timoteo 1:8, Pablo escribe: «Así que no te avergüences de dar testimonio de nuestro Señor, ni tampoco de mí, que por su causa soy prisionero. Al contrario, tú también, con el poder de Dios, debes soportar sufrimientos por el evangelio».

2. Para una buena explicación sobre el don de los límites, véase el capítulo 8, «Recibe el don de los límites», en el libro de Pete Scazzero, *The Emotionally Healthy Church: Updated and Expanded Edition*, Zondervan, Grand Rapids, 2010.

3. Henry J. M. Nouwen, *The Return of the Prodigal Son: A Meditation on Fathers, Brothers and Sons*, Doubleday, Nueva York, 1992, p. 101.

4. Recomendamos ampliamente el siguiente libro como ayuda a *Prayer of Examen*: Dennis Linn, Sheila Fabricant Linn y Matthew Linn, *Sleeping with Bread: Holding What Gives You Life*, Paulist Press, Mahwah, NJ, 1995.

5. Eugene H. Peterson, *Eat This Book: A Conversation in the Art of Spiritual Reading*, Eerdmans, Grand Rapids, 2006, p. 71.

6. David tenía que morir a sus mentiras y su adulterio cuando el profeta Natán lo confrontó en 2 Samuel 11-12. También necesitaba morir a su orgullo cuando puso su confianza en su poderío militar en vez de en Dios, según se narra en 1 Crónicas 21:1-17, un poderoso relato de la ocasión en que contó a sus hombres de batalla.

7. Para una comprensión más detallada de esto, dirígete a Peter Scazzero, *La iglesia emocionalmente sana*.

8. Te animo a considerar usar cualquiera de las herramientas útiles que estén disponibles: el 16PH (Factores de la personalidad), el MMPI, DISC, Myers-Briggs.

9. Tal vez quieras ver el cuestionario elaborado por Don Richard Riso y Russ Hudson, *The Riso-Hudson Enneagram Type Indicator*, Enneagram Institute, Stone Ridge, NY, 2000, o para una versión en línea.

10. Véase Richard Rohr, *The Enneagram: A Christian Perspective*, Crossroad, Nueva York, 2001; Renee Baron y Elizabeth Wagele, *The Enneagram Made Easy: Discover the 9 Types of People*, HarperSanFrancisco, San Francisco, 1994.

Capítulo 4: Deja de negar el enojo, la tristeza y el temor

1. Aristóteles. Citado en

2. Adaptado de los discursos de Michael Yapko hallados en *Calm Down! A Self-Help Program for Managing Anxiety*, programa en CD de audio, Yapko Publications, Fallbrook, CA, 2008.
3. Henri J. M. Nouwen, *Can You Drink the Cup?*, Ave Maria, Notre Dame, IN, 1996.

Capítulo 5: Deja de culpar

1. Virginia Satir desarrolló lo que ella llama Self-Esteem Maintenance Tool Kit [Conjunto de herramientas para el mantenimiento de la autoestima]. Véase Satir, Banmen, Gerber y Gomori, *The Satir Model*, pp. 293-297.
2. Peter L. Steinke, *Congregational Leadership in Anxious Times: Being Calm and Courageous No Matter What*, Alban Institute, Herndon, VA, 2006, p. 81.
3. Para una definición más completa del Sabbat, véase la explicación de Pete en Pete Scazzero, *Emotionally Healthy Spirituality: Unleash a Revolution in Your Life in Christ*, Nelson, Nashville, TN, 2006, pp.165-173.

Capítulo 6: Deja de ocuparte demasiado

1. El poema «Millie's Mother Red Dress» [El vestido rojo de la madre de Millie], de Carol Lynn Pearson (   ) está publicado en la antología *Beginnings and Beyond*, publicada por Cedar Fort Press, Cedar Fort, Utah, 2005. Usado con permiso.
2. Para una excelente discusión acerca de hacer muchas cosas, véase Harriet Goldhor Lerner, *The Dance of Intimacy: A Woman's Guide to Courageous Acts to Change in Key Relationships*, Harper and Row, Nueva York, 1989, pp. 102-122.
3. Esto fue citado de un discurso dado por Ed Friedman, disponible en

Capítulo 7: Deja el pensamiento erróneo

1. Pastorear, supervisar y mentorear involucran una autoridad espiritual y son relaciones de maestro/consejero. Ser el empleador de alguien también conlleva un cierto nivel de autoridad y poder. Con la amistad es bien diferente. Las expectativas y demandas son mínimas. El poder y la autoridad se distribuyen de manera equitativa y pareja. Los límites son distintos. La amistad pertenece más a los pares y no se da tanto en una relación de enseñanza o consejería.

2. Se ha investigado mucho sobre los modos superiores (el camino alto) del procesamiento cerebral que incluye el pensamiento racional y reflexivo en contraste con el modo inferior (o el camino bajo) de procesar que resulta más impulsivo, reactivo y carente de reflexión personal. Para más información busca Daniel J. Seigel y Mary Hartzell, *Parenting from the Inside Out: How a Deeper Self-Understanding Can Help You Raise Children Who Thrive*, Penguin, Nueva York, 2003, pp. 154-219, y Daniel Seigel, *The Mindful Brain: Reflection and Attunement in the Cultivation of Well-Being*, Norton, Nueva York, 2007.

Capítulo 8: Deja de vivir la vida de otros

1. Al Janseen, Gary Rosberg y Barbara Rosberg, *Your Marriage Masterpiece: Discovering God's Amazing Design for Your Life Together*, Tyndale, Wheaton, IL, 2008, pp. 15-18.
2. Palmer, *Let Your Life Speak*, pp. 17-18.
3. Este es un término usado por Agnes Sanford, *Sealed Orders*, Bridge-Logos, Alachua, FL, 1972.
4. Dennis Linn, Sheila Fabricant Linn y Matthew Linn, *Sleeping with Bread: Holding What Gives You Life*, p. 21.
5. Véase Michael D. Yapko, *Breaking the Patterns of Depression*, Broad Books, Random House, Nueva York, 1997, pp. 284-320.
6. Steinke, *Congregational Leadership in Anxious Times*, p. 26.
7. Esta idea me vino como resultado de la influencia del poema «Wild Geese» de Mary Oliver. Se puede conseguir en
. Amar lo que amas es una forma de darle gloria a Dios.
8. Esta idea también proviene del poema «Wild Geese» de Mary Oliver. Sufrir por el sufrimiento mismo no nos hace buenos. Jesús desea mi-

sericordia, no sacrificios (Mateo 9:13).

9. Para una discusión sobre discernir la diferencia entre los límites dados por Dios que debemos recibir y los límites que Dios me está pidiendo que atraviese, véase Scazzero, *The Emotionally Healthy Church*, capítulo 8, pp. 137-158.

10. Este es un verso de un poema de Hellen Keller titulado «Once in Regions Void of Light». Puede encontrarse en:

. La frase «tesoros de las tinieblas» proviene de Isaías 45:3, que dice: «Te daré los tesoros de las tinieblas, y las riquezas guardadas en lugares secretos, para que sepas que yo soy el SEÑOR, el Dios de Israel, que te llama por tu nombre».

11. Esta línea tiene su origen en un poema titulado «The Wisdom of the Deer» [La sabiduría del ciervo], de Kent Osborne. La sabiduría del ciervo consiste en estar presente en la propia dignidad y la belleza de la historia de uno mismo. El conocimiento presente de uno mismo es un tesoro, aun con sus imperfecciones.

12. La idea proviene de un poema de Rumi llamado «The Guest House» [La casa del visitante].

13. La primera vez que leí sobre este término tan práctico fue en Parker Palmer, *A Hidden Wholeness: The Journey Toward an Undivided Life*, Jossey Bass, San Francisco, 2004.

14. Palmer, *Let Your Life Speak*, pp. 32-33.